初中班主任工作实践中的班级管理研究

万 黎／著

吉林文史出版社

图书在版编目（CIP）数据

初中班主任工作实践中的班级管理研究 ／ 万黎著
. -- 长春：吉林文史出版社，2022.6
ISBN 978-7-5472-8558-9

Ⅰ．①初… Ⅱ．①万… Ⅲ．①初中－班主任工作－研
究 Ⅳ．①G635.16

中国版本图书馆 CIP 数据核字（2022）第 104954 号

初中班主任工作实践中的班级管理研究

CHUZHONG BANZHUREN GONGZUO SHIJIANZHONG DE BANJI GUANLI YANJIU

出 版 人　张　强
作　者　万　黎
责任编辑　陈春燕
装帧设计　杨　哲
出版发行　吉林文史出版社有限责任公司
地　　址　长春市净月区福祉大路 5788 号出版大厦
印　　刷　吉林省优视印务有限公司
开　　本　787mm×1092mm　　16 开
印　　张　9.125
字　　数　170 千
版　　次　2022 年 6 月第 1 版
印　　次　2022 年 6 月第 1 次印刷
书　　号　ISBN 978-7-5472-8558-9
定　　价　58.00 元

前　言

　　班主任是学校工作的推动者，是班级工作的组织者。同时，班主任工作具有很强的实践性。在中学班主任工作实践中，班级管理是一项复杂性与长期性兼具的工作。因此，班主任工作实践中的班级管理研究一直是教育理论研究者和班主任工作实践者关注的话题。

　　本书基于教师教育课程改革背景，结合基础教育课程改革的实际，从中学班主任工作的性质出发，探讨班主任进行班级管理的一般内容与实践方法。全书就班主任在班级管理中的典型工作展开深入细致的探讨、反思和研究，从而提升班级管理者在此方面的能力。本书的基本框架由班级管理的各个基本要点组成，包括班级管理的基本内容与方法，如班级日常规范、班级文化、班集体建设、班干部培养、班级活动设计、班级评价等等。力求为中学班主任提供一些行之有效的工作经验。

　　鉴于笔者能力所限，不足之处在所难免，真诚地欢迎读者能提出宝贵的意见，对书中不妥之处给予批评指正。

目　　录

第一章　班级管理概述

班级要为每一个学生创设有助于其生命充分成长的空间，激发学生强劲的生命动力，让学生的认知、情感、意志和态度都参与到学习和活动中，获得精神的丰富和生命的完整成长，书写色彩斑斓的生命华章。

第一节　班级管理的内涵解析

对于班级管理来说，建立一个有效的班级管理框架，可以充分发挥班级的育人功能，加强对学生的管理与服务，促进学生的健康成长和个性发展。对于学校发展来说，有效的班级管理是学生工作的重要环节，是学校育人方法和育人目标能否落到实处并取得成效的关键。

一、班级管理的概念

（一）班级的界定

班级是学校的基本单位，也是学校行政管理的最基层组织。班级教学是现代最具代表性的一种教育形态。一个班级通常是由一位或几位学科教师与一群学生共同组成，整个学校教育功能的发挥主要是在班级活动中实现的。

班级是学校为实现一定的教育的目的，将年龄相同、文化程度大体相同的学生按一定的人数规模建立起来的教育组织。班级不仅是学生接收知识教育的资源、也是学生社会化的资源、学生进行自我教育的资源。

班级作为当前学校教育的一种普遍的组织形式为人们所熟知，然而班级并不是从来就有的，它是学校教育制度的产物。一般认为最早探索班级组织的是世纪捷克教育家夸美纽斯，他在《大教学论》中提出了班级授课制，并对此加以论述，为班级组织形式的确立奠定了理论基础。我国古代私人讲学以及"学在官府"都不设"班级"，最早采用班级组织形式的是年在北京开办的京师同文馆。

班级包括"班"和"级"，"班"是指具有相似年龄和文化程度的学生群体共同组成的一个集体，"级"是指根据不同学习水平和学习任务进行的一个划分，展现了教育的阶段性和连续性。班级它首先是一个教育组织，与班级授课制度密不可分，实行的是大班教学，一个班级通常是由一位或几位学科教师与一群学生共同组成，整个学校教育功能的发挥主要是在班级活动中实现的。从学生的角度来看，班级又是一个学习组织，是一定数量的学生组成的一个集体，大家在这个集体中开展有意识和无意识的学习活动。只有通过学生的学习，班级才能实现其载体功能。概括来说，班级是学校为实现一定的教育目的，将年龄相似、文化程度相近的学生按一定的人数规模建立起来的，便于教育、教学和管理的教育组织；也是学生接受知识，进行自我教育和实现社会化的学习组织。

（二）班级管理的界定

鲁洁认为班级管理就是"班主任按照学校计划和教育目标的要求，充分利用和调动学生班级内外的力量，进行班级教育任务的组织、指导、协调、控制等各种活动。徐长江和宋秋前将班级管理定义为"在师生合作的前提下，教师通过适当的班级管理策略，有效地处理班级中的人、事、物等各种事务，培养学生的良好行为，营造支持性的学习情境与健康和谐的班级文化氛围，以达成教育目标，促进学生健康成长的过程。"

笔者认为班级管理首先不在于"管理"和"领导"，而在于"服务"和"引导"，为教学活动开展和学生身心健康发展，营造良好的班集体氛围；班级管理一方面在于运用有效的管理策略，被动地处理班级内的人、事、物，另一方面更重视班级的规划和建设，提升班级在促进学生自主发展方面的作用。

二、班级管理的基本内涵

班级管理的表现形式千差万别，有一千个班级，就有一千种班级管理形式。我们可以大致将班级管理分为三类：专制型班级管理、放任型班级管理和民主型班级管理。随着教育改革和民主政治建设，班级管理已成为一种必然的发展趋势，但作为一个新事物，许多班主任并不清楚到底什么是班级管理？怎样的班级管理称得上是民主的？为什么有的班级管理看似民主，实质上是专制管理的继续？要解答这些疑惑，我们必须首先清楚班级管理的内涵和实质。

要知道班级管理的内涵，就要了解什么是民主。民主一般被认为是一个政治术语，本文不从政治意义上来使用该词，而是把它作为生活方式的民主来理解。胡适曾说过，"民主不过是一种生活方式，承认每个人各有其价值，人人都可以自由地发挥聪明才智。"

笔者认为，班级管理其核心是尊重，主要是尊重学生的主体性和民主权利，也包括学生对他人和自我的尊重；班级管理要实现对民主思想的传播和民主行为的训练，培养学生（包括教师在内）的民主精神，学习民主的生活方式，实现班级的自我管理和未来社会公民的培养；班级管理不同于以往的班级管理方式之处在于将学生的"他律"引导为"自律"，将教师的个人要求转变为集体和自我的约束。在这种管理方式中教师是引导者，学生是参与者，教师和学生都要扮演好自己的角色，既不能越位，也不能缺位。简而言之，班级管理就是在班主任及任课教师的引导下，实现学生的主体性和管理的民主性二者的统一，平等地尊重每个学生的参与权和选举权，使学生通过班级生活学习民主精神，培养民主能力，养成民主习惯。本文的班级管理研究限定为中学，既包括初中，也包括高中。

三、班级管理的基本要素

相对个体而言，一个班就是一个小社会，中学班级管理因而也比较复杂。

实施班级管理，首先要分析班级管理中的基本要素，明确各要素在班级管理中的地位和作用，通过整合这些要素，实现班级管理的最优化。班级管理的参与者既包括全体学生和班主任，又包括任课教师和学生家长，班级管理离不开具有核心作用的班委会，更离不开"以法治班"的制度依据——班规。

（一）班级管理的引导者——班主任及任课教师

传统的班级管理以班主任为中心，班主任在班级管理中拥有绝对权威，班级管理由班主任一手包办，班级管理成了简单的"我管""你听"。作为班级重要一员，班主任首先要明确自身的角色定位，班主任不再是"独裁者"和唯一的管理者，而是学生的人生导师。班主任要转变思想，由管学生"变为"服务学生"，由管理者向服务者转变。为实现"服务学生"的目标，班主任要通过教育进行管理，借助管理进行教育，把管理和教育有机结合起来。

有了准确的角色定位后，班主任还要明确自身的职责。年月日，教育部颁发的《中小学班主任工作规定》中班主任的职责主要包括两大块，一是"全面了解班级内每一个学生，深入分析学生思想、心理、学习、生活状况。关心爱护全体学生，平等对待每一个学生，尊重学生人格。采取多种方式与学生沟通，有针对性地进行思想道德教育，促进学生德智体美全面发展。"；二是"认真做好班级的日常管理工作，维护班级良好秩序，培养学生的规则意识、责任意识和集体荣誉感，营造民主和谐、团结互助、健康向上的集体氛围。"由此可见班主任的工作既包括班级常规管理，还包括思想道德教育，根据素质教育的要求，当前班级管理越来越重视发挥班级的德育功能，班主任思想道德教育的职责更为重要。

（二）班级管理的践行者——学生

学生作为班级的主人，既是班级管理的客体，更是班级管理的主体，应该成为班级管理的践行者和参与者，不能只是服从者，一切听老师的，老师怎么说就怎么做。班级管理能否取得成功，关键看是否调动了每个学生参与班级管理的积极性。班干部作为班内的中坚力量，不能只是"传声筒"，而要积极主动地开展班内工作；班内的其他成员不能抱着"班内事务与我无关"的态度，一方面他们要积极配合班干部的工作，在具体工作开展中，发挥自己的力量；另一方面他们要担负起监督班干部之职。学生应该有"我们能管好班级，管好自己"的自信，给予自己充分的思想自由和行动自由，放手去参与班级建设；同时学生应该辩证认识自由和纪律，尊重自己和尊重他人的关系，每个人都有思想的自由，创造的自由，展现自己个性的自由，但这些要在纪律的范围内，在尊重他人的前提下。不能滥用自己的权利去剥夺他人的权利，不能打着民主公平的幌子在班内制造混乱，不能因为"班级自治"而抛弃班主任的教育和引导。

（三）班级管理的重要组织载体——班委会

任何班级组织都少不了班委会这一核心的组成部分，班委会是班级各项工作开展最重要的组织载体，是凝聚班级力量的纽带。班委会在班级建设中的作用是不言而喻的，班级建设的关键往往在于建设一支强有力的班干部队伍，为班里其他人作出表率，将班级活动的精神细致地传达给每个学生，号召班内每一位学生积极参与班内组织的活动，班干部能否起到带头作用，往往会对班风建设起决定性作用。以往的班委会一般是作为班主任管理班级的一个中介机构"，起"上传下达"的作用。班委会作为班级管理的重要组织载体，其定位在于为全班同学服务，而不是让班干部拥有特权，用"官气"去逼迫普通同学服从其管理。学生干部是服务者而不是"干部"，他们是老师的"助手"，更是学生的代表"，班干部要树立为同学服务的思想。

（四）班级管理的重要制度载体——班规

班级管理离不开"依法治班"，这里的"法"不是真正意义上的法律，而是作为班级管理重要制度载体的班规。"依法治班"有利于实现班级管理的制度化和规范化。

班规的作用固然在于规范学生的行为，使班级形成良好的秩序，为教育教学服务，但班规的作用却不仅限于此，班规制定和执行的过程也是一种教育资源，让学生在这一过程中体验平等、尊重和创造，制定班规的过程应该成为民主精神启蒙和民主实践训练的过程，通过讨论班规的制定和执行，实现教育与自我教育的结合，启发学生自我教育和自我管理意识的觉醒。

四、班级管理的历史沿革

班级管理是历史发展的产物。据 CNKI 的相关资料搜索，16 世纪随着资本主义商业的发展和科学技术的进步，教育对象范围的扩大和教学内容的增加，适应大工业生产的班级组织应运而生。率先正式使用"班级"一词的是文艺复兴时期的著名教育家埃拉斯莫斯。从 16 世纪开始，在西欧一些国家创办的中学里出现了班级组织的尝试，运用班级的形式开展教学活动。

中国的班级管理组织形式始于清代的京师同文馆。《中国大百科全书》中记载：中国采用班级组织形式，最早的雏形始于 1862 年清政府开办的京师同文馆。当时同文馆设正提调 2 名，帮提调 2 名，对学生进行管理，正提调可以不"逐日到馆"，而帮提调必须"轮班在馆打理一切"。虽然帮提调的管理对象是同文馆的全体学生，但其责与班主任之职已有许多相同之处。1878 年张焕伦创办的正蒙书院，该校把学生"分为数班，即多级教授制，每班置一班长，每斋置一斋长，斋长上有学长"。20 世纪初至 20 世纪 30 年代，一个学校往往有一个班，而若有多个班，则相应配备多个级任教师，因此级任教师与班主任已是名异实同了。之后，班级管理制又经历了导师制，进而演变为班主任制。班级管理是一种有目的、有计划、有步骤的社会活动，这一活动的根本目的是实现教育目标，使学生得到充分、全面的发展。在我国，班级管理是班主任按照一定的原则和具体要求，对班级的各种资源进行计划、组织、协调、控制，以实现各种共同目标而进行的管理活动。

贺乐凡认为，"学校管理者通过班主任的领导和学生的积极参与，把班级的全体同学组成有共同目标，有严密的组织，有正确的舆论，有经常的活动交往，有旺盛士气的集体，并是班集体成为教育、管理的主体的管理活动。"

钟启泉认为，"班级是旨在开展学校教育，使之从制度上成为一定的教育单位所编制的校内团体。教师整顿这种教育团体的教育条件，有效地推进有计划的教育行为，谓之班级管理。"

白铭欣认为，"班级管理是班主任按照一定的要求和原则，采取适当的方法，建构良好的班级集体，为实现共同目标不断进行调整的综合性活动；是班主任对所带班级的学生的思想、品德、学习、生活、劳动、课外活动等多项工作的管理教育活动。"

由此可见，在我国班级管理重在强调班主任在班级活动中是主导作用。《素质教育大参考》中提到国外的班级管理主要"强调班级管理的服务性"。主要内容包括：制定班级编制的标准，提出分班的依据，编班，安排座次，指定班级管理教师，规定班级教师（班主任）的职责等。

第二节　班级管理的核心理念

人的行为总是受更深层次的大观念支配。班级管理也是如此，在开展班级管理活动之前，中学教师首先要思考的是要秉持哪些核心理念或基本原则来进行班级管理。当这些核心理念或基本原则被确定下来，它们就能够支配教师做出规划、解释事件、采取行动。

一、正面管教的理念

正面管教的概念来自美国教育家尼尔森，她指出："正面管教是一种既不严厉也不娇纵的方法，它以相互尊重与合作为基础，把和善与坚定融为一体，以此为基石。在孩子自我控制的基础上，培养孩子的各项技能。"尼尔森指出，管教的方法通常分为以下三种：

严厉型——"这些是你必须遵守的规则，这是你违反规则会得到的惩罚。"孩子不参与决策过程。

娇纵型——"我们没有规则，我相信我们会尊重对方，并且会幸福。我相信你以后会制订自己的规则。"

正面管教型——"我们一起来制定对双方有利的规则，我们还要共同商议在遇到问题时对大家都有益的解决方案。当我必须独自做出决断时，我会坚定而和善地维护你的尊严，并给予你尊重。"

尼尔森指出，有效管教需满足以下四项标准。惩罚不满足四项标准中的任何一项。而正面管教则完全符合四项标准，并对下面四个问题做出了肯定的回答：

标准1：是否做到了和善与坚定并行？（对孩子尊重和鼓励）

标准 2：是否有助于孩子感受到归属感和价值感？（心灵纽带）

标准 3：是否长期有效？（惩罚在短期内有效，但有长期的负面效果）

标准 4：是否能教给孩子有价值的社会技能和生活技能，培养孩子的良好品格？（尊重他人、关心他人、善于解决问题、敢于承担责任、乐于贡献、愿意合作）

按照正面管教的理念，在班级管理的过程中要体现出对学生的尊重。要多赞赏学生，着眼于学生的长远发展。教师可以对学生严格要求，但不能一味严厉。

二、人道主义的理念

人道主义这个概念有两个方面的基本含义：一是把人当人看；二是使人成为人。

（一）把人当人看

戈伊科奇指出："一般说来，人道主义总是努力恢复人的本质：它所关注的是把人当作人，而不要当作非人。"人道主义要求善待人，把人当人看，因而体现出一种博爱的精神。而不人道、非人道则是无视人的价值，对人进行残忍的虐待。根据人道主义的观念，即便是面对俘虏或者罪犯，也要首先把他们当作人来对待，然后才当作俘虏或罪犯来对待。进一步说，一个人即使应当受到惩罚，也应该因其是人而获得善待，这才是人道主义。康德说："无论是谁，在任何时候都不应把自己和他人仅仅当作工具"人道主义要求将人视为目的，而不是达到目的的手段。那种把人视为"螺丝钉""块砖"的说法是背离人道主义精神的。康德还指出："一个有价值的东西能被其他东西所代替，这是等价；与此相反，超越于一切价值之上，没有等价物可代替的才是尊严。"人道主义强调尊重人的尊严和个性，反对一切羞辱人、蔑视人的行为。

在班级管理中奉行"把人当人看"的原则，就要做到热爱、尊重学生，维护学生的尊严，捍卫学生的权利，以学生为目的，而不把他们作为手段。在现实的班级管理中，有的教师会违背上述原则，以不恰当的方式对待学生，或者将学生视为达成教师个人目标的工具。以下两例就分别说明了这两种情况：

"把人当人看"的原则还要求教师在班级管理中遵循学生的自然天性，不把学生视为"超人"进而苛求他们。据了解，在某所中学的某个班级有这样的规定：下课后教室里也要保持安静，就是课间也不允许任何人在教室里讲话。这样的班级管理措施，实际是以便于教师管理、让教师感到舒适为出发点的，人道主义精神则丝毫未体现出来。好动是儿童的天性，在他们清醒的时候，只要没有严重的疾病，他们都会把内在的精力与能量释放出来——说话乃至追逐打闹都是释放的形式。教师以纪律为名，苛求学生做出与其天性不符的行为，这也是把学生当"超人"看的一种表现。

（二）使人成为人

吕大吉先生指出："在人际关系中做到仁慈友爱、温厚大度，甚至忍恶勿净、以德报怨，当然是一种人道主义美德。不过这些道德规范只是属于人道主义的较低层次，更高层次的人道主义，或者说，人道主义的根本意义，是实现人的本质。使人在社会中按照人的本质生活，成为一个真正的人。"萨特也说："人道主义一词，有两种不大相同的意义。一是指一种把人视为目的或高级价值的学说，是人经常超越自己。"可见，除了"把人当人看"这一原则。人道主义还坚持另一原则：使人成为人，亦即帮助人自我实现，使人发展，实现自己的创造性潜能而成为可能成为的最有价值的且完善的人。正如人道主义大师赫尔达在其著名的《关于人道主义的通信集》中所说："每个人都必须首先在这所'人道的花园'里培植和看守花坛。在这里，他将作为树木而生长，作为鲜花而开放。"

班级管理要奉行"使人成为人"的理念。就要创造一个丰富、和谐的班级环境。鼓励促进学生的自我认识、自我定位、自我成长、自我超越。使每个学生的天性以及与生俱来的能力得到健康成长，拓展其人生的可能性，为其幸福而有意义的一生创造良好的基础。

班级管理要服务于学生，帮助学生将自有的天赋和潜能充分地发挥出来。达成个体的自我实现这一目的，就要求教师用一双慧眼，发现学生身上蕴含的优势潜能以及各种发展的可能性，帮助学生认识自己，给自己一个准确而合适的定位，确立一个与自己的天性相符合的努力方向，最终使自己成为一个"大写的人"。正如郑石岩教授在《教导的真谛》一文中指出的那样：

"教导就是帮助一个人去融入自由开放的社会，需要各种不同的人才。职业本无贵贱之别，只要符合自己的潜能，都会做得愉快称心。社会越是自由，越是民主化，这个目标将越容易实现，而教育工作便是要为这一理想铺路。所以，教师的眼光不能老落在学生的学业成绩上，让学生一比成绩的高下。教师要放宽视野，看出每一个孩子的优点，给他鼓励，因势利导。特别是对待学科成绩较差的孩子时，要知道他们一样是天才，只不过他们的才华不表现在课业上。"

三、恪守正义的理念

在日常语言中，正义有公平公正、不偏不倚、赏罚分明以及应享权益不受剥夺之意。正义也是学术研究的焦点。自柏拉图以来，很多知名学者介入正义研究。

（一）基于罗尔斯正义观的班级管理

班级作为一个微型社会，其管理也遵循了社会运行的基本逻辑同时强调了正义的价值。

根据罗尔斯的理论，"正义"包括两个原则。第一个原则。每一个人都具有和他人相同的权利，拥有最大限度的基本自由（最大均等自由原则）。第二个原则，为改善社会和经济的不平等须满足下列条件：①社会中处境最不利的成员获得最大的利益；（差异补偿原则）②职务和地位对所有人开放（公平机会原则）。根据罗尔斯提出的正义原则，中学教师在班级管理工作中要恪守正义的理念。应该从以下两个方面做起：

1.确保班级成员享有平等的自由

恪守正义的班级管理会竭力维护学生的自由。英国思想家密尔在《论自由》一书中提出自由的两条基本原则：第一，个人的行为只要不涉及他人的利害，个人就有完全的行动自由，不必向社会负责，他人对于这个人的行为不得干涉。至多可以进行忠告、规劝或避之不理。第二，只有当个人的行为危害到他人利益时，个人才应当接受社会或法律的惩罚。社会只有在这个时候，才对个人的行为有裁判权，也才能对个人施加强制力量。密尔还划分了人类自由的三个领域：其一，意识的内向境地。要求获得最广义的良心的自由，和思想和感想的自由，以及不论是实践的或者是思辨的、科学的、道德的或神学的等一切主题上的意见和情操的绝对自由；其二，趣味和志趣的自由。人类有自由制订自己的生活计划以顺应自己的性格，并且有自由照自己所喜欢的去做。当然也不规避会带来的后果；其三，个人之间相互联合的自由。

教师在班级管理中维护学生的自由，并不意味着不对学生进行任何限制。康德指出："教育上的重大问题之一就是如何把必要的约束与自由结合起来。完全满足孩子意愿的教育是糟糕的教育，而完全与孩子意愿和希望背道而驰的教育只能使孩子受到违心的教育。"波普尔也认为："正如不加限制的宽容一样，不加限制的自由不仅是自我毁灭，而且必然会产生对立面。因为如果一切限制都被取消，就没有任何东西能够阻止恃强欺弱。因此，绝对的自由会导致自由的终结。故绝对自由的支持者，不管其意愿如何，实际上都是自由的敌人。"总之，学生在班级管理中既享有充分的自由，同时也要受到必要的限制，遵守一定的纪律。正常、合理的纪律通常具有以下几个特征：

第一，尊重个体的人格。纪律不是用来限制人、束缚人的，而是用来维护正常的公共生活秩序，并且保障每个个体享有平等的、普遍的、基本的自由权利。因此，这种纪律也是平等的、公正的。

第二，控制范围并不是无处不在，它主要指向社会公共生活中关涉他人利益的地方。在纯属个人私人生活的领域里，纪律限制是没有必要的，也是有害的。

第三，纪律是集体成员运用民主程序参与讨论、对话的产物，而不是个别人或少数人独断的产物。这种纪律依靠个体理性的认同得以维持，而不是依靠外力的强制与胁迫得以维持。

第四，纪律不是神圣不可动摇的，它是可变动的。它提供解释，允许讨论、质疑和再修订。

第五，条款并不是越多越好，纪律控制的范围应降至某个最低限度的水准上。

2. 给予班级中的边缘群体以弱势补偿

罗尔斯指出："为了平等地对待所有人，提供真正同等的机会，社会必须更多地注意那些天赋较低和出生于较不利社会地位的人们。较多的资源可能要花费在智力较差而非较高的人身上。至少在某一阶段，比方说在早期学校教育期间就是这样。""正义的班级管理需要教师始终保持一颗敏感的心，更关注那些弱势群体。尤其要对贫困弱势群体家庭的孩子，以及身体和智力有缺陷、道德失范、学习失利的学生给予更多的关爱。"

（二）基于"公民教育中心"提出的正义理论的班级管理

美国公民教育中心在《民主的基础》一书中将正义问题分为三类：分配正义、矫正正义和程序正义。

1. 基于分配正义的班级管理

"分配正义问题的关注点在于某些个人或某些团体中分配某些事物的公平性。被分配的可能是某种福利，例如工作的报酬、言论或投票的权利，也可能是某种负担，例如缴税、家务活，或者做功课。"

分配正义涉及两个或多个人之间在利益和负担分配上的公平性。利益可以是在一群人中分配的、被认为是有用且值得拥有的事，如赞扬、奖励、机会或资格等。负担可能包括义务和责任，如家庭作业、劳动。也可能包括在一群人中分配的、被认为是不受欢迎的事，如因为做错事而受到惩罚。

在班级管理过程中常常要涉及利益和负担分配的问题。"分配正义要求：同样的事情，得到同等对待，在重要的方式上不同的事情，应当被区别对待。"这就意味着，在班级管理过程中，同样的行为表现，应得到同样的赞扬或批评。比如，同样是上学迟到，教师对有的学生进行严厉批评，而对有的学生则一笑了之，这就是违背分配正义的表现。分配正义也要求对权利、责任和机会进行公平分配。

要贯彻分配正义还应遵循相似原理。"简单地说，这一原理意味着在某种特殊情况下，某些重要条件一样或相似的人应当得到同等或平等的对待，反之，某些重要条件不同的人应当得到不同或差别对待。例如：假设有 10 个人困在海上，其中有 3 个人生病了，但药物有限，因此，在某种重要条件需求上，3 个病人是相似的，他们对药品有相同的需求。公平就是给这 3 个人每人配发均等的药，剩下的 7 个人与这 3 个病人在某种重要条件需求上是不同的，他们都不需要药。因此公平就是将这 7 个人和病人区别对待。不给他们配发药品。"根据这一原理，在班级管理中，学生个体的需求是不同的。需求相同的学生应得到同等对待。举例来说，学校给每个班级五个困难补助名额，这些名额应分配给班级里家庭最困难的五个同学，他们在需求上是相似的。

在相似原理中，"重要条件"除了"需求"，还有"能力"。也就是说，可以根据"能力"这项重要条件的相似而给予同等对待。举例来说，班级要推选一个人担任班长。此时，依据服务同学的能力来分配这一责任就是符合分配正义的。

2. 基于矫正正义的班级管理

"矫正正义指的是对错误和伤害回应的公平性。错误是指违背了由法律、规则、传统或道德原则规定的义务或责任的行为；伤害是指对个人或财产的损害，或对个人权利的侵犯。"常见的回应包括要求那些犯了错或伤害他人的人承受某些形式的惩罚。例如，偿还偷窃的某些物品或赔偿损失等。在班级管理中，教师也要对犯了错误和伤害他人的学生进行适当回应。根据矫正正义的思想，教师要公平地回应学生造成的错误与伤害，就要遵循比例原则（相称性原则）。比例原则（相称性原则）意味着对错误或伤害的回应，应当与错误或伤害本身的严重程度成正比，亦即"罪罚相当"。作为教师，在决定哪种回应是公平或适当的时候，必须考虑到这种错误或伤害的严重程度以及恶劣性。一个中学生不小心用铅笔扎中了另一个中学生的手背，另一个中学生无故将同学打得头破血流。很显然，后者造成的伤害更为严重、更为恶劣。教师针对两个中学生采取的回应方式应符合比例原则，对更恶劣的行径采取更严厉的惩罚措施。

教师在决定如何回应某种错误或伤害时，需要考虑的因素还有很多。一是要考虑犯错或伤害他人的学生的精神状态。应该区别对待是故意造成的伤害或错误，还是因为粗心而造成的伤害或错误，或者是为了更重要的价值和利益而造成的伤害或错误；二是要考虑犯错者的既往表现。初犯与屡犯也应区别对待；三是犯错者对自己行为感到悔恨，还是无动于衷。显然，对于那些对错误或伤害无动于衷的学生，教师选择的回应方式就可以更具有"冲击性"。如果"当头棒喝"能够唤醒学生，采取这种回应方式则是正当的；四是要考虑犯错者的角色是领导者还是次要的参与者。对于领导者应采取更严厉的回应方式；五是要考虑受到受伤害的学生是否也要对错误或伤害的发生负责。

此外，在班级管理中坚持矫正正义，可以对学生采取惩罚措施，要求他们为错误或伤害进行赔偿或补偿。但教师应注意各种回应方式都是为了制止或预防未来的错误或伤害，并且任何回应方式都不能伤害学生的尊严。不管学生做了什么，不管学生的错误多严重、多恶劣，都应当被公平对待。

3. 基于程序正义的班级管理

根据程序正义的理念与目标，教师在班级管理中应公平地、全面地收集信息并做出决定，同时还要保护一系列重要的价值。具体来说，教师应做到：

第一，要凭借可靠的依据，而不能凭主观的判断做出决定、忽略客观事实。在法律上有一条原则：疑罪从无，亦即没有证据支持，不能凭空给任何人定罪。在班级管理中，教师经常要对一些人和事进行评判。按照程序正义的原则，教师的评判必须基于可靠的证据而不是主观的臆测；

第二，应该给利害关系人表达异议的渠道或机会。在班级管理中，个别教师有时只听取一面之词，却不去听取其他利害关系人的声音。因此教师掌握的信息并不全面，甚至可能失真。当教师依据片面、虚假的信息进行裁决时，公正的目标就会落空；

第三，正当程序要求教师在收集信息时必须尊重某些重要的价值。例如隐私、尊严、公平和自由等。

四、民主管理的理念

教育民主化是近百年来世界教育发展的一条基本线索。传统教育派的代表人物赫尔巴特认为：儿童生来就有一种处处都会表现出来的不服从的烈性，这种烈性就是不守秩序的根源。所以他提出：为了避免对其他人和儿童造成伤害，就要经常对这些冲动与欲望进行约束。对于约束的具体方法，他提出了如下四条建议：第一是威胁；第二是监督；第三是利用权威；第四是惩罚。从上述内容可知，在传统教育中，教育管理的民主精神是非常稀缺的。

进入 20 世纪以后，杜威确立了"儿童是起点，是中心，而且是目的"的教育准则。他主张对儿童的管理不应是让儿童服从命令的过程，而是让儿童主动参与和共同建设的过程。在《民主主义与教育》一书中，杜威指出："民主主义不仅是一种政府形式，它也是一种联合生活的方式，是一种共同交流经验的方式。"他主张学校管理应体现出民主的精神。学校里的每个人都有权参与管理，都有发言权。管理者应重视询问每一个人的意见和需要，在宽容、多元的气氛中，彼此讨论，交换意见，民主决策。

杜威的思想也影响了中国的教育家。叶圣陶在《教育改造的目标》一文中说："教育不是拔去空瓶子的塞子，把甚些乌七八糟的东西乱装进去的勾当。也不是随随便便、马马虎虎、装点门面、敷衍故事的玩意儿。现代教育的最后目标在于养成一个个的自由人，在于建立一个民主的自由社会。"

要造就具有民主意识和能力的现代公民，班级管理是一个重要的途径。如果班级管理活动能够按照民主的原则进行安排，那么学生就能在参与民主管理的过程中，学会积极主动地表达自己，尊重他人的意见，学会协商。这是参与民主生活的公民所必备的素养。

民主型班级管理的优势也为一些研究所证实。心理学家勒温指导了一项研究，将一些儿童分成 3 组，每组 5 人。分别由独裁型、放任型、民主型的成人领袖来领导。结果表明，在独裁型的儿童组里，儿童表现出一定的攻击性，他们不愿合作经常推卸责任；在放任型的儿童组里，儿童不仅不负责任、缺乏合作，学习能力也很差；在民主型的儿童组里，儿童之间少敌意多友谊，学习的质和量都很高。

根据石中英教授在《教育哲学导论》一书中提出的教育民主化的四项原则，奉行民主理念的班级管理。应遵循以下四项原则：

第一，平等原则。班级管理的平等原则首先要求教师，平等地对待智力状况不同的学生，平等地对待个性倾向不同的学生。班级管理的平等原则还要求教师将自己置于与学生平等的地位上。中国的传统文化倡导"天地君亲师""一日为师终身为父"，教师被抬举得很高。现代的教育文明更强调师生之间平等的对话关系，而个别教师似乎还没有真正接受这一思想。

第二，参与原则。保障成员有权利、有机会就牵涉自身利益的事务发表意见，这是民主共同体的基本特征之一。班级管理的参与原则要求相关利益主体——学生和家长能够积极地参与到班级事务中去，而不是被排除在班级管理活动之外。确保利益主体参与班级管理，需要有一定的制度保障。家长可以通过家长委员会等机构参与到班级管理中去，而学生则主要通过类似议事会这样的机构参与班级事务的讨论和决策，还可以通过值日班长制度等来参与班级的日常管理。

第三，自主原则。吴康宁教授指出：班级组织是具有发展性的"半自治性组织"，"所谓半自治性是指作为未成年人组织的班级，并非完全靠自身的力量来管理自己，而总是在一定程度借助于外部的力量。这里有两层含义：一层是教师不可包办一切，实施全控制方式；另一层是教师也不应寄期望于让学生完全按意愿去管理班级的一切，采取全放任的方式。"作为"半自治性组织"的班级，应采取教师控制与学生自主相结合的管理方式。学生在班级管理中的自主性表现在于班级规则的制定与执行、班级活动的设计与实施、班干部的选举与轮换等方面。

第四，宽容原则。根据这一原则，在社会生活中，多样的观点、制度和行为方式，如果没有威胁到多样性本身的话，就应该得到允许、尊重、鼓励和保护。在班级管理中，也要奉行宽容原则。中学生是正在成长过程中的人，这就意味着他们还是不完全成熟的人。作为教师，应宽容对待学生的一些错误。

的确，在民主的班级管理中，如果班主任没有架子、不够威严，学生可能会有不尊重老师、不守规矩的表现。但我们想一下，这种平等、自由的师生关系不正是一种自然的教育状态吗？那些主张"对学生心不要太软，笑得不要太多"的老师，强调的是"师道尊严"。将自己与学生原本平等的人格施以等级化、差异化，他们要求学生"服从""不管说什么，都不能顶嘴"，这实际是教育中的专制与粗暴。

教育的伟大作用就在于具有巨大的延伸性。教育不仅决定着学生的当前，还决定着他们的未来。学生在教育中的地位及其对教育环境的感受、体验等在很大程度上决定着他们的未来。教师之所以要对学生进行教育，就在于看重教育的这种未来性。作为教师，奉行民主化的班级管理，对于未来公民社会的形成很有意义。

五、依法维权的理念

所谓依法维权，是指班级管理既要依照法律、不违背法律规范，同时又要避免教师权力的滥用，维护学生的权利。目前，《教育法》《教师法》《未成年人保护法》等法律已经行之有年。它们对于教师的责任以及学生的权利已经做出明确规定。教师在进行班级管理时，必须熟悉并遵守这些法律。

(一) 依法维护中学生的生命健康权

生命健康权是中学生人身权利中最基本的权利。在班级管理中，教师要依法维护中学生的生命健康权。最主要的是应注意以下两点：一是杜绝对中学生实施体罚、变相体罚及其他有损中学生身心健康的行为；二是要履行好保护中学生生命安全的义务。关于第二点，教师首先要注意的是避免中学生在劳动中受到意外伤害。

中学生对危险的辨别能力较差，自我保护意识较弱。因此在劳动过程中，教师应当对学生的安全问题予以格外的关注。一般而言，中学生在参加劳动过程中遭遇危险，究其原因不外乎以下三点：一是劳动本身的危险性较大。危险性较大的劳动包括接触易燃、易爆、有毒、有害等危险品的劳动或其他危险性劳动，此类劳动本身带有较大的危险性，中学生不得从事；二是劳动技能比较欠缺。中学生因未受过相关的劳动训练，缺乏基本的劳动技能。在劳动过程中很有可能因操作不当从而酿成事故；三是违反劳动纪律。比如中学生在劳动过程中打闹嬉戏，易引发安全事故。出于教育的目的，教师可组织中学生参加一些自我服务性的劳动，但必须保证所安排的劳动是中学生力所能及且不具有危险性的。教师应当对中学生参加劳动的过程加强组织、管理和监督，重视安全教育，排除安全隐患，以保护中学生的安全。具体来说应注意以下三点：一是在安排劳动时，应当考虑到中学生的年龄、性别和健康状况等因素，把中学生的安全放在第一位，不安排中学生从事具有危险性的劳动；二是在组织劳动时，应事先对中学生进行安全教育，讲明注意事项，宣布劳动纪律。对中学生的行为加强管理，一旦发现中学生做出危险行为应当立即予以制止；三是在劳动过程中，应当做好安全防护工作，采取必要的保护措施，一旦发生危险情况应当及时并妥善组织中学生脱离危险环境。

（二）依法维护中学生的名誉权

名誉权是指公民和法人对自己在社会生活中所获得的社会评价，即自己的名誉依法所享有的不可侵犯的权利。教师当众侮辱学生就是常见的侵犯学生名誉权的行为。

在《教育法》《教师法》《未成年人保护法》等法律中，都有禁止侮辱学生、伤害学生人格尊严的条款。教师应该知道，对学生的侮辱不属正常的批评教育范围，纯粹是教师个人情绪的宣泄，这样不但达不到教育效果，反而会给学生造成极大的心理伤害。作为中学教师，在对学生进行批评教育的时候，一定要把握好分寸，尊重学生的人格尊严，不要使用侮辱性、诋毁性的言语。当情绪被愤怒所包围的时候，教师不妨先离开学生，等自己冷静之后再对学生进行教育。

（三）依法维护中学生的隐私权

隐私权是指自然人享有的对其个人与公共利益无关的个人信息、私人活动和私有领域进行支配的具体人格权。隐私包括三个方面：一是个人活动，指与他人和社会公共利益无关的活动，如个人的日常生活；二是个人信息，也称个人情报资料。如个人的财产状况、身体健康和疾病的情况、婚恋情况、家庭资料、社会关系、电话号码、个人习惯、兴趣爱好等；三是个人领域，也称私人空间，是指个人的隐秘范围。如身体的隐私部分、个人居所、书包、日记本、通信等。

然而，在国内的班级管理中，教师散布学生本人不愿公开的私人信息、翻看学生日记、搜查学生书包等行为却经常发生。这些侵犯隐私权的做法，不仅会给学生造成心理伤害，还会产生另外的教育效应。学生隐私不能侵犯，这是法律的规定，但教师却可以藐视这一规范，学生可能由此得出"具有权势地位的人可以藐视法律”的结论，这显然不利于其法律意识的形成。

（四）依法维护中学生的财产权

财产权是公民最重要的权利之一。在班级管理中，教师侵犯学生财产权主要有两种典型表现：一种是利用职务侵财；另一种是占有、损坏学生的物品。

在这里还有必要对班级管理中的罚款行为进行探讨。罚款，是一种行政处罚措施，它是对违反行政法规的责任人所进行的一种经济上的处罚。按照法律的规定，罚款这样的行政处罚只能由法律法规做出规定，并由特定的行政机关或组织依照法律规定的程序来实施。很显然，学校并非行政机关，并没有罚款的权力，更不用说班主任个人了，将罚款作为一种管理手段不但违法，还存在很多问题：学生本人并无经济来源，罚款最终都要落到家长的身上。因而容易引起家长的反感和抵触，经济条件较好的学生可能对罚款无所畏惧。罚款不但达不到教育的目的，还给了他们犯错误的特权，对于经济条件不好的学生，罚款会给他们造成极大的压力，尤其是在他们已尽力但仍被罚款的情况下（如努力学习后成绩仍不佳）。他们可能会心生怨恨甚至选择走极端，罚款强调了金钱的作用，有可能会扭曲学生的价值观。

教师在班级管理中经常会面对这样的情况：学生在课堂上玩某种物品，并影响到他的学习。为了维持课堂教学秩序，教师有权利责令学生交出影响学习的物品。但教师对这些物品仅仅具有保管义务，在对学生的行为进行必要的教育之后，教师应将物品交还学生本人或交还学生家长。如果因为教师保管不善，致使收缴物品丢失，教师就应该承担相应的民事赔偿责任。另外，教师有时也会遇到这样的问题：有学生违反规定，将一些可能破坏学校正常的教学秩序甚至危及师生安全的物品，如爆炸物、匕首、腰刀等带入班级。对于这些物品，教师有权收缴并上交学校。教师的这种权利是基于维护校园公共安全的职责而产生的。

（五）依法维护中学生的公平对待权

公平对待权是一项基本人权，它要求对教师做到平等待人，不分性别、民族、种族、家庭财产状况、宗教信仰等，均应平等地对待，不得歧视。由于人的审美倾向不同，往往容易形成不同的偏好，教师也不例外。在班级管理中，当教师面对不同的学生时，很可能会由于自身偏好而对某个或某类学生产生好感。从而产生亲疏有别、厚此薄彼的师生交往模式。这种做法就侵犯了学生的公平对待权。另外，在班级管理中，教师经常要处理一些与学生切身利益有关的事情。例如，排座位、选举班干部、评选三好学生等，处理这些问题时，教师应尊重程序，不徇私情，按照公认的规则行事。

第三节　班级管理与中学班主任

班主任是学校任命、委派，全面负责一个教学班所有学生思想、学习、健康和生活等方面的教师。班主任是班级管理的负责人，班主任的主要职责就是组织、教育、引导学生并且与学生一起管理好班级，促进全体学生的全面发展。

一、班主任在班级管理中的定位

班主任在班级管理中应突破传统的直接强制性的领导管理体制，顺应以生为本的先进管理理念，其重心逐渐向终身教育与生态和谐化的管理靠拢，充分尊重学生个体独立性，从语言、行动、人格等多方面、多角度提升班主任作为领导者、组织者、教育者及管理者的艺术造诣。

（一）班主任在班级管理中是民主的领导者

根据现代班级管理理念，班级管理的主体应该是学生，核心则是班主任。核心应对主体起导引和规范作用，老师扮演的应该是为学生这个主体服务的角色。在学习生活中引导学生，为学生指明正确的方向，发现错误并及时修正学生的一些不恰当的行为，鼓励学生发展自我个性，进而发扬学生的主体精神。班主任要用自己丰富的知识，爱心，以及对教育事业的热情与学生成为知心朋友而不局限于一般的师生关系。班主任对学生既要像长辈对晚辈一样百般呵护，也要在学生中树立威信。

（二）班主任在班级管理中是科学的管理者

教育和管理学生的基本单位便是班级，同时班级也是学生成长和接触群体的重要环境它还是班主任进行管理学生、指导学生等教育活动的基石和基础组织力量。班级教育的综合就是班级管理，班主任通过班级管理教育学生。班主任是学校的德育教育工作的中坚力量，在班级教育管理中起着决定性的指引和管理作用。

所以班主任要在管理教育中善于运用一些好的策略来事半功倍，从而更加有效的促进学生各个方面积极向上。要把班级管理搞好，需要大量细致入微的工作，这就要求班主任有着不怕苦不怕烦的精神，只有这样才能为自己热爱的教育事业做贡献。

（三）班主任在班级管理中是幸福的组织者

班主任在班级管理中应顺应时代发展潮流，响应学生需求来转换自己的角色。幸福是新时期的主题，人本化教育重视学生的幸福感指数，这就要求班主任自身是一个幸福的班级组织者，才能使幸福的价值取向传染给学生。

班主任应建立平等的师生观。在新的教育理念下，班主任不应该像以前一样，只是在履行自己的管理职能，只要求学生刻苦学习，过分追求成绩要求而忽视学生的多样化发展。人非圣贤孰能无过，当老师犯了错误的时候应当向学生一样低头认错，这样才能让以后犯了错误的学生心悦诚服。班主任不应该盲目自大，而应该广泛采取学生的意见，因为当有学生的提议或是指正被老师采纳以后，老师在学生心目中的认可度就会提升，学生会感觉自己的话语权，会产生一种积极的参与性，所以作为老师一定要多鼓励自己的学生给自己的管理指导工作提意见，这么做不仅提高了班主任的管理水平，更加增强了学生的自我管理意识。

（四）班主任在班级管理中是激情的教育者

一个富有激情的教育者才能够深刻地感染学生，才能使自己的人格魅力征服学生，才能够使自己的知识讲解与道德教育吸引学生的注意力，从而实现教育的目的。班主任应对班级管理工作充满热情与激情。

常言道，"好的态度已是成功的一半"，一个怀着满腔热情与想法的班主任必然会对班级管理用心，对学生的健康成长高度负责。现阶段很多刚毕业的年轻教师迫于学校管理需要而非自己喜好甚至并不能完全胜任班主任工作便担任班主任，这种"赶鸭子上架"的方式不仅对年轻教师心理造成不满而应付工作，更重要的是对班级学生的极度不负责，不利于学生的身心发展，会导致同年龄同时期不同班级环境的学生差异化显著及问题化泛滥。相反，如果是喜爱班级管理善于班主任工作的年轻老师会主动学习、熟悉、探索、完善班级管理艺术，进而促进班级目标的实现及学生的健康发展。

二、班主任在班级管理中的工作范畴

班主任在学校教育教学中与一般的教师不同，担负着班级管理的重要使命。班主任实现班级管理的目标是通过班级管理的任务和内容来完成的，班级管理的内容涉及个别学生的教育和全体学生的教育、思想品德教育和学习指导教育、学校教育和家庭教育方方面面。班主任要对学生全面负责，因此班级管理的内容是多方面的。

（一）班级计划制订

班主任工作计划于开学初制订，其根据是学校教育教学工作计划和本班实际情况。计划分学期工作计划和具体执行计划。前者的内容是：简明分析形势要求和本班学生德、智、体发展的情况，提出学期的教育任务，列出具体执行计划。后者可按月制订，也可按活动制订，其内容包括目的要求、工作内容、方式、完成期限、分工等。两种计划都要做到目的明确，内容具体，切实可行。制订计划时要听取任课教师、家长和班团干的意见，使之周密完善；计划制订好以后要在班上报告，争取全班学生的认同和支持。

（二）班级集体建设

建设好班集体，是班主任的一项重要工作，也是班主任最基本的任务。班集体是班级发展的高级阶段。一所学校里有许多班级，但不一定都是已达到高级阶段的班集体。班集体的形成涉及集体目标的确定、学生干部的培养、人际关系的建立、班级活动的开展、行为规范的内化、正确舆论的形成等问题。班集体是学校施加教育影响，学生进行各种活动的基本单位，也是学生在校生活的最重要的集体。班主任应该以科学有效的方法创建一个理想班集体，使班级成为一个温馨舒适的家园，促进学生健康快乐地成长。

（三）班级日常管理

班级日常管理是班主任工作的一项重要内容，这项工作做好了，对全班学生的教育教学工作影响极大。班级日常管理的内容包括：①班级教学日常规范管理，包括教育正常秩序、新学期学生座位的安排、自习课、考试纪律、考勤、请假制度等管理内容。②班级各项建设，包括班干部队伍建设、班级小图书馆组织、黑板报小组组织、教室布置等。③了解研究学生，包括班级日记、班史编写、周记检查、学生档案建设等。④学生卫生保健，包括卫生习惯培养与检查、常见病的预防、学生身体检查等。⑤班级总结评比，包括年级操行评定、评选三好学生、班级总结奖惩等。⑥假期生活管理，包括校外学习小组组织、假期作业布置及检查、学生联络网的组织等。这些管理贯穿于班主任日常事务中，是每一个班主任在教育管理中的基本功。

（四）班级的文化管理

班级文化是通过班级载体来反映和传播的，是班级成员朝着班级目标迈进过程中所共同创造的精神财富和文化氛围。它随着班级工作的开展自然形成，悄无声息地弥散于班级之中，影响着学生的思想和行为。班级管理的重要内容就是营造健康的班级文化，从美化教室情景到开展丰富多彩的班级活动，再到培养和经营健康的班级文化，使班级具有灵动、和谐、安全舒适的感觉，让学生在轻松和谐的氛围中进行交流和学习。好的班级文化所形成的班级氛围，可以陶冶学生的心灵，培养高尚的情操，对学生的身心发展产生深刻影响。

（五）班级活动管理

班级活动是指班主任指导或直接组织的晨会、班会、团队活动等班级教育活动，这些由班主任组织的课堂教学以外的班级教育活动是实现班级管理目标的重要途径。班级活动形式多种多样，包括教育活动、教学活动、文娱活动等，对开展班级活动班主任必须要有个整体的计划。应针对学生的特点，精心安排和设计活动，并且通过同学们的精心组织与准备，最后顺利开展。与此同时，班主任在进行班级活动管理的同时，应该既让学生掌握知识，又要发展学生的各种能力。

（六）班级教育力量协调

班级教育力量协调是指班主任对于班级有影响的各种教育力量的协调。

班级工作力量是由多方面教育力量构成的教育整体，除学校领导外，任课教师、少先队组织、学生家长也是十分重要的教育力量，只有协调并发挥好这些力量，才能保持教育方向的一致性、教育要求的统一性、教育活动的协调性。班主任是协调各方面教育力量的桥梁和纽带，这主要表现在三个方面：①协调本班各科的教育教学工作。②协调学校对班级的各种行政管理工作。③协调学校、家庭和社会三者的教育工作。

（七）班级问题管理

班级问题管理是指对在校园、班级可能出现的问题的干预、处理，包括问题预设、问题准备、问题确认、问题控制和问题善后。对于班级管理来说，事后控制不如事中控制，事中控制不如事前控制，可惜大多数班主任未能认识到这一点，往往等到班级管理出现错误、发现错误时，如学生抄作业、逃课、迷恋网络游戏等，才去制止、弥补，亡羊补牢。其实，作为班主任在班级管理中应当未雨绸缪，对待即将发生的任何事要有问题管理意识。

（八）班级管理评价

班级管理评价是根据班级管理目标，对班级管理工作判定目标实现程度，作出价值判断的过程。班级管理离不开评价。没有评价，班级管理就没有抓手。所以，评价，是班主任必做的一项工作。学生评价是班级管理的重要组成部分，对学生的评价应遵循的原则是考虑过去、重视现在、着眼未来，注重自我评价与他人评价相结合，注重定期评价与随机评价相结合。班主任要善于引导学生进行正确的评价和自我评价，以更好地展示其特长和个性，使学生健康全面发展。实施班级管理评价，最为重要的是，班主任必须引领学生学会自我评价，从而优化班级管理。

三、班主任在班级管理中的实践分析

高绩效的班级管理需要班主任的有效践行。班主任的管理理念必须充分体现为了"每一位学生的发展"，班主任的管理行为必须从"权威"走向"以人为本"，真正调动学生的主动性、积极性和创造性。

（一）班级管理的"隐喻"分析

传统的班级管理是班主任凭自己的经验，行使学校赋予的班主任权力，用制度、目标等控制学生，班级管理的成果主要取决于班主任的个人经验和学生被"驯化"的程度。这种理念下的班级管理往往遏制班集体和学生的创造性和活动力。

"口号式"的班级管理。"口号式"的班级管理的实质是抽象化、表面化、形式化的管理。走进教室，随处可见"创新""以人为本""民主"这些闪烁着时代光芒的先进管理思想的标语，但许多班主任并没有真正理解其中的内涵。他们只是把口号从教育思想中独立出来，作为一面大旗去指挥一切，但沿用的仍然是固有的、陈旧的教育理论和思想。干巴巴的口号式管理和抽象式的规范、制度，不仅会让学生感到乏味，产生逆反心理，班主任也会失去工作的热情，班级工作不可能达到预期的效果。

"军营式"的班级管理。"军营式"的班级管理强调整齐划一，实质是军事化，完全封闭的管理。在这种班级管理中，学生像士兵一样只能服从，没有任何提出异议的权利，必须统一着装、统一发型，严格执行作息制度，如果违规就会受到严惩。教师像教官一样具有绝对权威，板着脸孔没有笑容，学生对老师敬而远之。这种"军营式"的管理虽然强调了整齐、统一和高度的纪律性，但过于严格，容易成学生个性压抑、自卑感重、自制力差、胆小怕事，学生很难感到自己是班级的主人，更不用提调动学习的积极性，对班集体充满期待了。

"工厂式"的班级管理。"工厂式"的班级管理实质是强调标准化、制度化、严格的管理。班级管理要求严格、周密、精细，学生必须一切按照规章制度执行，班级里各项制度齐全，教师的各项工作和班级管理的工作都被制度细化，量化考核。这种班级管理是一种传统的"物本位"的管理理念和模式，管理质量控制效度被忽略了，在成长过程中的学生可能遇到的问题不一定是按规章制度就可以解决的。如果想使他们由被动接受管理转为主动参与管理，就需要更多的情感上的关心和交流。

"医院式"的班级管理。"医院式"的班级管理存在的先验假设认为学生是病人，根据分数将学生分级划等。这种管理方式下的班主任戴有色眼镜，根据学生学业成绩的好坏和纪律表现对学生进行诊断，分级划等：好学生、差学生、无药可救的、顽固不化的，等等。而且许多班主任认为让班级里的学生温顺、服帖，班级整洁、纪律严明，就是班级风貌积极健康的象征，所以在表面功夫上大做文章。殊不知，班级工作是伴随着学生的成长过程的，班主任应该遵循儿童身心发展规律来考虑不同学习个体的需要。

（二）走向民主与科学的班级管理

未来社会对人才的要求越来越高，对学生的挑战越来越大。在新时代管理理念统帅下，我们应探索民主与科学的班级管理。提倡班级管理的民主和科学是为了给学生提供一个和谐的成长环境，创造有利于学生可持续发展的条件，使学生在将来的激烈竞争之中立于不败之地。

班级管理强调民主，实质是贯彻现代教育"以人为本"的教育理念。"民主治班"是以人为本的前提，也可以说是任何成功管理的第一步。教育的最高境界是引导学生进行自我教育和主动发展，而自我教育和主动发展的重要前提是学生民主意识的觉醒和民主权利的获得。民主治班的根本内涵在于让学生树立民主观念，行使民主权利，学会自我尊重、自我认识、自我规划、自我选择、自我督促、自我修正，最终实现自我发展和自我超越。

班级管理强调科学，实质是班级管理要建立有效的班级管理机制，包括班级内部的组织机构及其运作方式和一切能促进班级健康运行的有效措施。从教师管理学生转向在教师指导下的学生自我管理，形成个性化的管理模式。班主任要在科学理论的指导下，大胆探索，在班级管理中形成鲜明的管理特色。

班主任只有坚持民主、科学的班级管理，采用恰当的方法和步骤，科学有效地开展班级工作，才能使班级成为自动运转的有机整体，使每一位学生获得主动发展和全面进步，最终实现教育目标。

第四节　班级管理与中学生

当代学生基本是 00 后，他们出生的时候，国家经济高速发展，国际交流深入频繁，各种社会思潮不断涌现交融，网络信息技术也突飞猛进。在这样的时代背景下，外部环境促使大学生群体具有明显的时代特征：个性鲜明、思维活跃、思想开放、行事独特。同时，大学生们更关注个人自身的发展，喜欢用自己特有的方式去审视自我、追求和实现个人的价值。在大学期间，他们这些时代特征会表现得更加鲜明，在发挥个体的积极性、主动性和创造性的同时，难以准确把握集体与个人、集体观念和主体意识之间的辩证关系。特别是在班级组织和学生个人发生利益冲突的时候，绝大部分学生会选择将个人的成长需要与发展诉求置于集体利益和集体荣誉前面，这样的情况若普遍且持续地发生，便会给班级组织的建设和班级组织育人作用的发挥形成阻力。

一、班级管理对学生的情感影响

青少年心理基本特征充满了矛盾动荡性。正如亚里士多德所说的，"暴躁、易发脾气、易于冲动所驱使而失去控制。"青少年的心理特点有别于成年人，其心理发展中存在着几对矛盾：自我意识与社会角色的矛盾，理想我与现实我的矛盾，情感波动性与内隐性的矛盾，性机能成熟与性心理相对幼稚的矛盾等。又如霍尔所形容的，"人生中疾风怒涛的时期，身体蕴藏极大能量、情绪不稳定、易激动、烦躁不安，对外界及自身易产生怀疑、不信任感。"

因而，在班级管理中要能针对青少年的心理特点，对他们做好环境适应教育，培养其良好性情，正确认识自己的教育。苏霍姆林斯基说过，"请你任何时候都不要忘记：你面对的是儿童的极易受到伤害的，极其脆弱的心灵，学校里的学习不是毫无热情地把知识从一个头脑里装进另一个头脑里，而是师生之间每时每刻都在进行的心灵的接触。"

初中班主任对学生的心理疏导是班级管理中不可忽视的。教师如果对学生怀有积极的情感，将会对学生产生巨大的感染和教育作用。对于初中班主任而言，这一感染和教育作用尤为主要。

苏霍姆林斯基说过，"教育技巧的全部奥秘也就在于如何爱护儿童。"情感是人们对客观事物与自己思想之间的关系所变现出的切身体验。藤花绢在《班级管理中人文情怀》中提到，"老师在班级管理中要理解、宽容学生。"由此可见，情感教育在班级管理工作中具有独特的魅力和价值。正如夏丏尊说过的："教育之没有感情，没有爱，如同池塘里没有水一样，没有水就不成为池塘，没有情感，没有爱，也就没有了教育。"

二、班级管理对学生的发展影响

（一）班级管理以学生发展为根本

传统班级管理的最大问题在于忽视学生个体的成长发展，而是以完成计划、便于管理为主要目的，在这种自上而下的控制式管理中，由于教师管的过多过严，使得学生缺乏自主空间，身心处于严重的受压制状态，依赖性强，独立性差。实施班级管理则打破了这一传统管理模式的束缚，纠正了以往忽视学生个体发展的缺陷，建立起了以学生为主体，以学生个性发展为中心，以追求学生自主性、能动性、创造性发展为重点的新型管理模式，在这种模式下，学生有权进行自我选择、自我评价与自我完善，学生在自主管理的过程中，能够逐渐发现自身的潜能，实现自身的价值。

（二）班级管理强调全员参与性，凸显了学生的主体地位

班级管理不是部分学生或是极少数班干部学生的自主管理，其强调全体学生共同参与。实现学生班级管理，必须调动每一位成员参与班级管理活动的积极性，使每一位学生都能在班集体中找到自己的位置，发挥自身的作用。班级组织管理学生的全员参与性，首先表现为人人都是决策者，即可以通过民主的形式对班级的日常事务进行决策，具体到班级目标的确立、班级制度的建立、班委干部的任用、班级环境的建设等；其次表现为人人都是管理者，即可以通过实行班委轮换制、增设学生岗位等使每位学生都能参与到班级管理中，实现人人有岗位，人人有事做；再次表现为人人都是评价者，即打破传统自上而下的少数评价多数的管理评价模式，建立以学生自评、互评为主的评价制度，使学生们在多元评价中改进方法、吸取经验，不断推动班集体和自身更好的发展。

（三）班级管理是民主与集中的有机结合

班级管理是有组织、有计划、有领导地进行的，是民主管理与集中管理的有机结合。实行班级管理班主任首先要充分发扬民主，即要贯彻落实民主的思想，尊重学生的主体地位，多为学生创设自主发展的空间，唯有如此，

学生的自主性与能动性才能真正得以发挥。但由于受小学生的身心发展特点及认知水平的局限，在班级日常管理工作中，班主任仍需加强指导与引领，可根据学生的能力水平、兴趣爱好、个性特点等实际情况来分配任务，让学生们既分工又合作，在完成各项管理任务的过程中，相互交流、相互促进。为了更好的实现班级组织管理，我们必须把班主任的主导作用与学生的主体作用有机地结合起来，正视班主任和学生的价值冲突，实现班主任的价值引领和学生的自主实践相统一，坚持民主管理与集中管理并举，努力为学生创设宽松、和谐的自主管理氛围。

（四）班级管理是主体与客体的有机统一

管理者是管理的主体，被管理者是管理的客体。传统的教育管理思想认为，能当担管理者、行使管理权力的人必定是在知识、经验、能力等各方面都高于被管理者的人。在传统的班级管理过程中，班主任教师无可厚非地充当着管理者这一角色，学生则无疑是服从、接受、执行班主任指令的被管理者。而班级组织管理则打破了这一传统的管理思想，不仅确立了学生在班级管理活动中的主体地位，还赋予了学生"管理者"与"被管理者"的双重身份，学生既是班级管理活动的发出者，也是班级管理活动结果的承担者。

第二章　班级日常规范的理论与实践

纪律是集体的面貌，集体的声音，集体的美妙，集体的活动，集体的姿态和集体的信念。集体中的一切归总起来，都摆脱不了纪律的形式。

——马卡·连柯

第一节　班级日常规范的认识

班级管理离不开班级日常规范，俗话说"没有规矩，不成方圆"，一个良好班集体的形成，必须有一个人人都遵守的班级规章制度。

一、班级日常规范的内涵

班级日常规范，是指由班主任引导、学生参与，根据《学生守则》《学生行为规范》和本班奋斗目标而制订的，要求全体成员共同遵守的办事规程或行动准则；是为保证班级正常的秩序，根据对班级工作客观规律的认识而制订的在一定条件下保持不变的规矩。它主要包括文明礼仪、学习日常规范、考勤日常规范、基本规范、卫生值勤、奖惩等内容，是班级学生的行动指南。建立一套相对稳定的、为班级学生认同的行为规则，使学生知道应该如何规范自己的行为，同时也知道别人对自己行为的期望。

班级日常规范按其表现形式，可分为三种类型：一是制度型，即条文化的制度规范。这是班级日常规范的核心，也是班集体形成的必要因素。二是习俗型，即非条文化的群体约定形成的习俗、习惯、风气等。三是口授型，这一类日日常规范范既不是成文的规范，也不是已经形成的习俗，而是由教师通过班会等形式反复强调的日常规范要求，这类日常规范是前两类日常规范的过渡形式和准备形式。

二、班级日常规范的特点

学校是一个建构的教育环境，它以适合人的成长为主要追求。作为学校运行基本单位的班级，班级日常规范具有以下几个特点。

（一）养成性

基础教育中的班级，其成员大多是处于正在成长中的未成年人，他们与班级一同成长，经历着从不成熟逐渐走向成熟的过程。班级日常规范中就必然渗透着养成教育的特性，在班级日常规范的运行中有效地调节和影响学生的行为活动，使他们逐渐养成自我调节、自我组织、自我监督的习惯，把集体的规范内化为自身的个性品质和行为习惯。

（二）规范性

规范性主要体现在健全的规章制度和具体明确的行为规范方面。它要求班级全体成员的思想品德合乎社会的道德规范，各项工作和学习生活合乎学校的科学管理规范，行为举止合乎社会的文明行为规范，言谈措辞合乎健康的语言规范，班级建设合乎育人环境规范等。

（三）稳定性

班级日常规范是具有制度性特征的规则，一旦形成和建立起来，便会在相当一段时间内保持不变，成为一个恒定的因素。一般而言，班级日常规范要发挥其应有的作用，要依靠这种相对稳定性。经常地、不断随意地改变班级日常规范的内容，不仅会影响班级日常规范的应有功能的释放，而且也会破坏班级日常规范本身的建设。当然，稳定性并不等于一成不变，随着时代的发展和教育改革的深化，以及办学条件的改善和管理手段的更新等，日常规范管理的内容、要求和形式也会不断改进。

三、班级日常规范的意义

班级日常规范是班级为实现共同的奋斗目标而制订的规则、法则，是班级按一定程序办事的规矩，是班级管理的准绳，也是学生必须遵守的制度化行为。班级的生活是学生接受正式"制度"熏陶的开始，班级日常规范对于班级的建设和学生个体的成长具有非常重要的意义。

（一）班级日常规范是班级正常运转的必要条件

班级是学校进行教育、教学工作的基本单位，需要一整套科学的全面可行的运行机制。班级日常规范的建立，使得班级工作有章可循，促使班级内各项工作有秩序地进行，规范学生的在校行为，避免班主任工作的盲目性和随意性，从而提高班级的工作效能。

（二）班级日常规范是班级民主管理的需要

培养公民的民主意识是学校教育的重要任务，民主意识的增强、民主管理的实施不是空洞的口号，而应是使学生成为班级主人的行动。班级管理如果只靠班主任辛辛苦苦的"保姆式"管理、专横高压的"专政式"管理和不负责任的"放羊式"管理，是注定要失败的。搞好班级管理，必须依靠全班成员发挥高度的积极性，在参与班规的制订中，让学生人人成为班级的主人。

（三）班级日常规范帮助学生养成规范意识

班规是一种行为规范，是班级组织中的制度化行为，为学生提供了某种行为模式，引导学生可以这样行为、必须这样行为或不得这样行为。尤其是对于未成年学生来说，学会遵守班级的日常规范，也就是学会了如何在组织中生存。因此，班级日常规范的指引可以视为一种自律功能，要求学生规范自己的行为，并以此为依据，培养和提高学生的自律能力，帮助学生养成规范意识。

（四）班级日常规范促进学生个体社会化的发展

班级日常规范的制订和运行，有助于学生理解群体生活中必须具备的基本规范，个人在群体中必须具有的角色意识、公众意识、责任感和义务感等要求的必要性和合理性，进而努力去实践，成为自觉的行为。也就是学生通过班级的共同生活及生活中所处的各种关系，学习和内化社会规范，积累社会生活经验，懂得做人的道理，通过他人的评价和自己与班级其他成员的比较，学会认识自我和评价自我。

总之，班级日常规范的制订和运行，可以帮助学生有规律地学习生活，提高学习生活的效率质量，是对学生进行全面具体的文明行为的培养和训练，是学生学习和掌握社会规范、实现学生社会化的重要途径。

第二节　班级日常规范的制订

班级日常规范好比合同或契约，是教师与学生双方取得的协议。由于班级组织成员构成的特殊性，使得班级日常规范的制订具有特殊的意义和价值。

一、班级日常规范的制订原则

基于班级这一特殊组织的构建目标，要让班级日常规范发挥应有的效能，在班级日常规范的制订中一般应遵循以下基本原则。

（一）共同制订性原则

班级不同于一般的组织机构，成员之间没有上下级的服从关系，它是一个学习的共同体，以促进学生的发展为根本目的，学生是班级的主要成员，班主任是一个引领者。因此，班级日常规范的制订一般应由班主任和学生共同承担，以民主和共同参与为原则，借团体讨论方式而形成。一般而言，学生对自己协助、参与所建立的班规会更容易接受，较乐于遵守，更容易实施。

（二）可行性原则

班级日常规范的可行性有两层含义。一是班级日常规范中提的要求和规定，应符合班级的实际，以及学生发展的年龄特点，不能提一些虽然合理但难以做到的要求，这样才能使班级日常规范发挥其应有的效应。二是班级日常规范不仅仅提出纪律要求，而且还应附有相应的执行措施，使学生明确"违反了怎么办"，便于监督检查。

（三）教育性原则

班级中的主要成员是处于正在成长中的学生，班级日常规范的制订，既要从管理角度出发，更要从教育需要出发，渗透教育目标，发挥班级日常规范的教育功能。因此，班级日常规范执行中以学生的自我教育为主要手段，班主任不能以班级日常规范去压制学生，而应主动地提醒、督促学生，让他们自己发现问题、解决问题，以他们良好的实际行动维护集体利益。

（四）积极性原则

班级日常规范执行中，约束的主要对象是学生，根据心理学的研究，积极正向的规则制订比较容易为大家所接纳，而且行为指向明确，容易遵守。

如"上课应举手发言"就比"不可擅自说话"的表达显得更明确，更容易执。实际上，纠正错误行为的最好方法就是告诉学生什么是正确的举止。

（五）普遍性原则

班级日常规范是班级运行的基本准则，它对班级中的全体成员行为具有导向作用，保证班级组织行动的连续性，督促学生行为的规范化。因此，班级日常规范的内容应尽可能地包含班级中一切需要规范的行为，使得教师和学生都可以有"法"可依。

（六）简洁性原则

班级日常规范的表述应清晰、简明扼要，突出所要规范的内容，强调应有的行为，切忌冗长的说明，以及模棱两可的表达，否则容易产生认识上的歧义，导致不良的运行结果。此外，简洁性的班级日常规范也容易让大家理解和记忆，利于达到遵守的目的。

（七）互制性原则

班级日常规范的制订，既要体现学生之间的互相制约，更应体现出师生之间的互相制约，特别是学生对班主任的合理制约。也就是说，班规不仅仅是对学生的管理，而且对班主任也具有责任监督、权力限制，应把这个监督权、限制权交给学生。

二、班级日常规范的制订过程

每一个班级都有其特殊性，每个班主任也都有自己的工作特色，所以，班级日常规范的形成过程，也是班级不断走向成熟、形成特色的过程。班主任可以根据自己所带班级的特点和学生实际情况，结合自己的性格特点和工作特色，选择合适的班级日常规范制订程序。在此，提供六个步骤供大家参考。

（一）班主任的动员工作

这是做好班级日常规范制订必要的准备工作。班主任在新组建班级的开学初期，利用班会的时间，对全班的学生说明自己的班级建设目标，以及自己对班级日常规范的理解，尤其要重点讲明讲透制订班级日常规范的意义、班级日常规范应具备怎样的功能等内容，充分激发学生积极参与班级日常规范制订应有的热情，明确学生应有的责任。

（二）师生共同研究规则的内容和布局

班主任指导学生学习《中华人民共和国宪法》，既把握其结构布局，又感受其法律语言的特点（概括、严谨、规范）。在此基础上，就班级日常规范的内容和布局展开充分的讨论，集思广益，群策群力，使每一位学生明确班规的内容和结构布局。同时，可以设立班级日常规范起草核心小组，具体负责班级日常规范的制订。

（三）分组拟制各章条款

在对规则制订有了基本认识的基础上，可以将班级同学分成若干个班级日常规范起草小组，根据班级日常规范的制订要求，各起草小组提出建议或设想，并形成条文，向全体同学报告起草情况，各小组在制订过程中应及时与班主任或起草核心小组联系，反复修改条文内容和表达方式，以求最佳。

（四）由班级全体会议讨论通过

各起草小组将其形成的班级日常规范条文，交由班主任或起草核心小组进行综合，形成一份较为成熟的班级日常规范，并讨论确定某一条文通过的标准，由起草核心小组或班主任向全班同学分条宣读并作简要说明，在讨论修改的基础上进行表决。

（五）审稿合成

由起草核心小组完成班级日常规范的合成工作，班主任要对合成稿全面审阅，包括班级体制的确立、章节条文的协调、语言文字的修改润色等。特别是班级体制框架，班主任务必把好关，保证其科学性、前瞻性、灵活性，以免班级日常规范朝令夕改或半途而废。

（六）交付审议表决

将班级日常规范初稿印发给学生，广泛征求意见，分章修订再合成，这一程序一般不少于 2 至 3 次。最后，将班级日常规范交付学生审议并表决，一般需有班级成员 4/5 通过方可生效。教师应充分发扬民主，切忌强权，否则有违制订班级日常规范的初衷。

三、班级日常规范的制订要求

建立科学完善的规章制度是班级管理的重要内容。只有班级工作的方方面面都有章可循，班级工作才能有条不紊，健康发展。但班级又不同于其他单位，班级的特点决定了班规的制订要注意以下几点。

（一）班规要有正确的导向性

教育工作的成效，需要较长时间才能显现出来，班规的制订一定要充分反映这个特点，把握好班规的导向作用。所以，班级制订班规应该有明确的目的，要根据教育的方针政策的要求，服务于激励人、教育人、培养人这个目的。

（二）班规要有可操作性

班规是要具体执行的，因此必须强调从实际出发。班规必须切合班级的特点和学生的实际，必须经得起时间的考验。一是顾及对象的年龄特征、认识水平、行为特点；二是力求符合班级的历史传统与目前的发展状况，使班规恰如其分、切实可行。

（三）班规要有相对稳定性

班级是不断发展与相对稳定的统一体。班规随着形势发展的要求、变化进行改革，是不断进步的标志，但由于教育的周期性长，要求班级秩序相对稳定，不能朝令夕改。当然，这不是说班规是一成不变的，为适应新情况、新要求，必要时可以对班规进行修改与补充。

（四）制订班规要有民主程序

在发挥教师主导作用的前提下，制订班规，要发动学生民主讨论，广泛征求意见，集思广益，使内容能体现国家教育要求和学生意愿的统一，逐步取得学生的认同，使班规有可靠的思想基础。班规建立在学生认同的基础上，可以增强班规的可操作性和有效性。

（五）班规要完整、简约、文本化

班级各项规章制度要尽可能逐步完善，各项班规要互相配套、互相照应，形成体系。就某一项班规来说，所列条文要简明扼要，便于记忆掌握。班规要成文，即文本化，便于学生反复学习。形成规范文本的班规，在执行的过程中具有较高的权威性。

不管设置的是什么规则，重要的是解释这些规则，如果它们要成为有效的规则，这就需要在班级中公正地、稳定地、一致地支持和执行这些规则。而且，还需要设置后果，提醒那些不遵守规则的学生，教师必须日复一日地保持规则的一致性。

第三节　班级日常规范的实施

制订出良好的班级日常规范是提高班级管理效能的重要条件，但班级日常规范不可能自动产生效应，只有在班级日常规范的实施中才能发挥其应有的作用，也只有在班级日常规范的良性运行中才能使管理如虎添翼，达到预期目标。

一、班级日常规范实施的"热炉法则"

"热炉法则"是管理学中常常被提到的一个理论，它讲的是每个组织都要有规章制度，组织中的任何人触犯规章制度都要受到惩处。具体而言，主要表现为以下四个方面。

（一）警告性原则

热炉火红，不用手去摸也知道炉子是热的，是会灼伤人的——警告性原则。班主任要经常在班级宣传班级日常规范，对学生进行校规、班规教育，对学生起到警醒作用，以警告或劝诫不要触犯规章制度，否则会受到惩处。班主任不能图省力，认为开学已经讲过了，以后就不用再讲了，这容易使学生淡忘纪律和处罚要求而违规。

（二）必惩性原则

每当你碰到热炉，肯定会被火灼伤——必惩性原则。只要谁触犯和违反学校及班级的规章制度，就一定会受到惩处，没有商量的余地，这样才能显示规章制度的严肃性与权威性，否则就会使学生产生一种制度是唬人的感觉，觉得班主任说话言过其实，讲起来很严，做起来很松。这样不但使学生对校规、班规产生怀疑，而且还会使他们对班主任和教师的人格产生怀疑，使后者威信受到损害。因此，在班上通过的规定或制度，执行时一定要严格。

（三）即时性原则

当你碰到热炉时，立即就被灼伤——即时性原则。就是说学生一旦触犯或违反规章制度，惩处必须立即进行，决不拖泥带水，决不能有时间差，以便达到及时改正错误行为的目的。处罚与错误行为发生的间隔时间越长，效果就越差，教育目的就越难达到。教育是有时机的，时过境迁了，再去处罚学生，容易产生负面影响。一方面，一个学生今天犯错误了，明天、后天可能不再重犯，那么你在"明天"处罚他时，他就会觉得犯错误时没受到处罚，在表现好的日子里反而受到处罚，觉得难以接受。另一方面，其他同学说不定还会觉得班主任是秋后算账，是一种报复行为。

（四）公平性原则

不管是谁碰到热炉，都会被灼伤——公平性原则。班级日常规范是班级的通用法制，每位同学在班级日常规范面前都应平等，而班规的严肃性也就体现在公平性上。因此不管是哪位同学触犯规章制度，都要给予相应的惩处，这是公平性的体现，也是严肃性的体现。在班级管理实践中，最忌讳班主任处事不公平，对优等生总是"晴天"，对差生总是"阴天"；处罚违反规章制度的学生，对"优生"就轻避重，对"差生"从严从重，这样势必会引起大多数学生的不服和不满，甚至认为班主任是班级规章制度的破坏者，从而使规章制度失去效用，给班级管理带来不利。

二、班级日常规范实施中注重刚性与柔性相结合

班级日常规范通常有刚性与柔性之分。所谓刚性班规，是指那些界限很明确、很容易判断，可以直接约束组织成员行为的规章制度。所谓柔性班规

是指那些倡导性、号召性规定、准则、规范，例如热爱集体、团结友爱、助人为乐等，这些都是对人观念上的约束和引导，是一种柔性的规范，对人的行为具有深刻的影响作用。

刚性班规和柔性班规具有不同的教育管理价值，是不能互为替代的。在管理的实践过程中，应该将两者紧密地结合起来，既注意对学生外显行为的规范管理，又要注意对学生进行理想、信念教育。只有这样，班级管理工作才能严格有序地进行，形成心情舒畅和积极向上的心理氛围。

此外，在班级日常规范的执行中，还会常常遇到学生消极的执行态度，虽然其行为没有违反班规，但往往引起不良后果。还有一些学生专门寻找班级日常规范的薄弱环节，钻班规不完备的空子，从而使某些错误的东西反而得到班级日常规范的保护。因此，班级日常规范在强调其规范性和相对稳定性的同时，应当根据实际需要，及时地调整、补充和完善，增强班级日常规范的灵活性和适应性。

三、坚持班级日常规范的运行与思想教育相结合

由于班级日常规范所能约束的，主要是学生的外显行为，而人的行为是受其思想意识所支配的。有了约束其行为的班级日常规范，并不能完全解决其思想认识问题。如某人在行为表现上违反班规，在按班规处罚后，还应有针对性的思想教育，提高其思想认识。对于一些带有普遍性倾向性的问题，还得提前对全班学生进行教育，以防泛滥起来而"法不责众"。所以，班主任应将班级日常规范的执行过程视为思想教育过程，不仅执行之前要有动员、说明，而且要在执行过程中反复进行说理性教育，使全班学生认同班级日常规范。

例如"不得迟到早退"，这是一个常规性的制度。有一个班级在一段时间里，班主任对这一条执行得非常严格，规定上课时间一到，便把教室锁起来，让迟到者隔窗听课。还硬性规定，每学期迟到早退若干次者不得参加"三好生"评选等。这一做法虽然能在一定程度上制止迟到和早退行为，但是，必然要伤害一些因特殊缘故迟到者的自尊心。在执行的过程中，班主任意识到这一点，改变了做法，请迟到者先上课，课后主动找班长登记，并辅之以班主任

谈话。这个办法，使迟到者和班主任多了一个交流机会，可以了解迟到原因，有时可掌握迟到同学的实际困难。这样，既执行了班规，也不挫伤学生的自尊心。

四、重视班级日常规范的宣传与行为训练相结合

班级日常规范是对学生的外在行为的约束与监督，这就决定了班规具有较强的规范作用，但其真正的管理效能还取决于学生对这种班规的内化程度。因为，执行规章制度的理想状态，应该是成员养成时时处处自觉遵规守纪的习惯，实现由他律向自律的转化。学生行为规范的养成绝非一朝一夕之功，这就决定了要经常教育、反复训练、反复实践。所以，班主任要通过各种形式、多种渠道，向全班学生进行班规的宣传教育，讲明班规的目的、意义和行动要求，帮助学生提高认识水平，形成强有力的集体舆论，使学生增强遵守班规的观念和自我控制的能力，提高维护规章制度的责任感，营造大家相互监督共同遵守的气氛，养成自觉遵守班规的习惯。

班级日常规范的教育，一般而言，在每个学年学期的开学初期、新生入学时，应集中进行班级日常规范的教育，但是，这只是班级日常规范教育的开始，还应与学生的日常行为训练有机地结合，渗透在日常的教学活动中，持之以恒，经常进行。同时，班主任应重视班级日常规范对学生日常行为规范约束中的严肃性，不能执行与不执行一个样，执行得好与执行得不好一个样，对模范执行规章制度的人和事要及时表扬和激励，对违反规章制度的要恰如其分地给予批评。班主任还必须经常了解学生对班规的认识和评价，检查规章制度的执行情况。

五、班级日常规范实施中的人格示范

班级日常规范是班主任和全班学生都应遵守的规则。由于学生是处于正在成长中的孩子，在班级日常规范的运行中，班主任既是日常规范的主要执行者又是示范者，要求学生做到的，班主任必须自己先做到，带头执行规章制度，给同学做出榜样，身教重于言教。能否做到严于律己，既是对其是否具备班主任素质的检验，又是维护班级日常规范权威性的关键。因此，班级

日常规范一经公布，班主任就应带头维护和执行班级日常规范制订的各项内容。否则，就等于用实际行动向全班学生宣布，该班级日常规范失效了。例如，有个班级规定不能随地扔纸屑，刚开始大家都认真地执行，但是后来学生发现班主任在此项制度实行不久，就经常随地扔烟头。从此，该班教室又逐渐地恢复了往日的景象：低头就可以看到纸屑。此外，在班级日常规范的执行中，要一视同仁，不分亲疏，无论是谁，只要表现良好或违规，都应该受到同等的奖或惩，如果不能做到这一点，班级日常规范的权威性就会大大降低。

第四节　班级日常规范的接受

我国自古有"少小若天性，习惯成自然"的教育格言，意指严格的养成教育对人的成长有着重大的意义。班级日常规范管理也是着眼于班级日常学习和生活中学生的言、行、心态进行指导、规范、训练。因此，班级日常规范让全班同学接受，意义非常重要。

一、班级日常规范接受的意义

班集体的形成必须建立一套班级成员所共同接受的规章制度，并使这一制度不断内化成为班级学生的心理尺度，即为每个学生所采纳、接受，成为自己的行为准则，这样才能更好地促进学生行为习惯的养成和班集体的形成。因此，班级日常规范的接受具有特殊的教育意义。

（一）反映了班级对其成员行为的期望和要求

班级日常规范一般应反映班级对其成员行为的期望和要求，并为其提供一定的行为模式，成为班级评价学生行为的标准。提高班级管理效能的关键，在于使学生接受班级日常规范，形成"依法治班，守法光荣"的心理环境，并以此引导学生根据班级规章制度的要求来调节自己的行为，经常对照检查，寻找差距，不断进步。

（二）实现班级日常规范的教育价值

当班规被班级成员接受之后，遵守班级日常规范会成为学生的动力因素，激励学生努力向上，有效调节每个学生的行为，使之产生合乎道德规范要求的行为，改正违反班级日常规范的行为。班级日常规范的认同过程，实质上就是一个不断引导、教育、内化规范的过程，真正实践班级日常规范的教育价值。

（三）推动班集体的形成

班级日常规范一般通过奖赏处罚来保持集体行为的一致性，从而推动班集体的形成和发展。任何一个集体，其形成都必须有一套大家共同接受并遵守的行为准则，而形成后也需要这些规范来保持集体的整体性，当集体成员的行为偏离或违反这些准则时，集体对这些行为马上产生反应，纠正成员的偏离行为，禁止成员违背集体规范，使成员的行为回到规范的轨道上来，使其与其他成员、与集体的行为保持一致。

二、班级日常规范接受的心理机制

班规接受的心理机制也可称为激励机制，即当班级成员共同制订出班规后，班主任要及时地采取激励机制，主要是对理想型行为的确认和强化，促使学生不断进行自我管理和自我约束，从而使学生逐渐接受班规。

行为科学原理告诉我们，任何行为都是由激励而产生的。一种需要满足后，便不再是激励的因素，个体必然追求一种更高层次的需求作为新的激励起点。另外，需求使人产生某种期望，期望能否实现，一方面取决于个人努力，另一方面也取决于组织给予的确认和鼓励。如果个体行为得到的报酬与其期望值基本相符，个体行为就会得到强化；如果个人努力没有成效，或得不到公正的评价，就会对激励产生不良的影响。一般而言，促使班级日常规范接受的激励机制有以下几种方式。

（一）反馈激励

班主任把学生品德表现和学习成绩反馈给学生，同时给予客观的评价，对学生的积极性会起到较大的激励作用。班级定期对学生行为进行评价，使学生了解到自己的成功与不足，都能强化学生的积极性。在反馈过程中，班主任应该处理好成绩与奖励的关系，发现个体行为有某种进步时，就应该及时给予合理奖励，并创造一种情境，使其进步得到教育者及其组织系统的信任和同伴的羡慕，行为得以强化，逐步形成良好的个体行为定式。

（二）奖励激励

通过奖励或惩罚，充分肯定学生的正确行为，使之巩固和发扬，或否定学生的不良行为，使之收敛或消退，都可以达到促进学生养成积极性行为的目的。但值得注意的是，奖励与惩罚必须是公平合理的，班主任应该关心学生的一举一动，关心学生的行为变化，对好的行为给予及时的奖励，而不能只关心一部分成绩优秀的学生，对成绩落后的学生的进步视而不见。实践证明，如果大部分学生认为激励与己无关，激励的效果就会大打折扣。

（三）赏识激励

人都有归属心理，希望自身才能得到发展，受人赏识，这是一种高级的精神需要。有较大抱负的学生，并不满足于获得奖励，而是期望集体和教师对自己赏识，这种赏识会使学生发挥持久稳定的积极性。所以，班主任要处理好奖励与满足个体行为需要的关系。班主任对于学生合理现实的个体需要，应该给予确认和鼓励，并为学生实现合理个体需要提供种种有利条件。

如果学生建立了这个反射体系：合规范性行为——奖励——需要的满足，那么，激励调控就能强化和巩固学生的规范行为。

根据心理学的研究成果，日常规范习惯的养成，要多奖励、少惩罚，树立学生的自尊心与自信心，使其自我遵行。班级日常规范是儿童易违反、也是易被班主任处罚的项目，如果班主任以警察抓小偷的心态来经营它，则往往事倍功半，效果不彰，极易遭受学生的反抗。如果能扬善于公堂，归过于私室，在儿童的表现中欣赏其善良、正向的一面，忽略其缺点，并常给予鼓励，就一定能激发儿童的自信心与荣誉心，并进一步促成学生对班规的接受。

三、班级日常规范认同的实现

实现学生对班级日常规范的认同，就要矫正学生的偏差性及排斥性行为，消除学生对班级日常规范的排斥心理。一旦学生认同班级日常规范，就会形成一种巨大的磁场，这种磁场的影响和约束作用远比班主任管理的作用大得多。

（一）开展主题活动，内化班级日常规范

班级主题活动课是班级管理的主阵地，同学们的意见可以在班级活动课上提出，班级日常规范能在课上制订，学生的创新品质也能在班级主题活动中内化成为优良个性。

（二）班主任身体力行，起表率作用

班主任要努力做学生的榜样，行动育人。要求学生做到的，班主任要率先垂范，做到榜样熏陶、服务育人。教师要用自己的人格魅力来熏染学生，要为人师表，以身作则，要求学生做到的自己首先做到。教师是学生的榜样，他的言行直接影响学生的成长。我们常说：学生是老师的一面镜子，有什么样的老师就有什么样的学生。事实证明，班主任为学生树立"立身做人"的榜样，做到行动育人，才能够深深地感化和激励学生。

（三）建立一套合理的惩处机制

在班级日常规范执行的过程中，总会有一些学生不遵守班规，出现对班规的排斥现象。根据斯金纳的强化理论，如果越轨行为所获取的利益大于个体行为支付，越轨性行为就会有禁而不止，只有对越轨性行为进行有效的惩处，才能控制这种行为的发生。这一理论同样适用于班级管理。为了使班规得到全体学生的认同，处罚可作为一种矫正手段，正如马卡连柯所讲"合理的惩罚制度有助于学生形成坚强的性格，能培养学生的责任感，能培养学生抵抗诱惑和战胜诱惑的能力"。因此，建立一套合理的惩处机制可以有效地规范学生的行为。

班级日常规范运行中的惩处机制可以通过以下三个系统来实现。

惩戒系统。通过增加学生不良行为的必要支付和额外支付，把排斥性行为控制在最小的范围内，以防其进一步蔓延。具体可以通过两条途径：一是完善硬件性制度，建立全面系统的班纪班规，设立正确的个体行为标准模式，使个体行为可以预测到自己行为结果。同时借助班纪班规对排斥性行为进行批评、教育和适当的惩罚，促使其向符合规范行为转化。二是完善软性机制，形成良好的环境氛围和道德意识。通过舆论的抨击以及个体内心信念的转化而达到转化排斥性行为的目的。

转化系统。通过班主任及其组织系统的有效工作，使个体逐步认识到排斥性行为的成因及其危害性，稳定思想情绪，消除心理障碍，进而使学生懂得什么行为是正确的，什么行为是错误的，以及该采取何种行为方式等，从而从根本上改正排斥性行为，达到对班规的认同。

内化系统。学生个体不规范行为有了一定程度的转化以后，就应该及时对其进行价值观和合理需要的教育，使学生从世界观和人生观的高度来认识和评价自己的行为，从而改变自己的态度，从内心信服，并把这些思想纳入到自己的思想体系之中。这样，学生的个体行为就有可能从排斥型和缺陷型逐步转化为认同型，并内化为良好的行为定式。

当然惩罚不是目的，而是必要时作为促使学生修正行为偏差的手段。因此，任何对学生的体罚和经济惩罚都是错误的。同时，要注意惩处的适度性，过重或过轻的惩处都不能达到最好的教育效果，而且要坚持惩罚的一致性与可逆性，在实施惩罚过程中，班主任不能因为学生不同而使惩罚的尺度不一，不能因为自己的心情与喜好随意更改惩罚标准。

（四）培养班干部维护班级日常规范

班干部是班主任的"眼睛"和"耳朵"，他们来自学生，又深入学生中间。良好的班集体是靠集体的力量黏合在一起的，而班干部是强有力的黏合分子。他们在集体中有一定威信和影响力，自身素质较好，又有较强工作能力，他们能够团结全班同学。因此，班级管理中班干部的作用是班主任所不能替代的，班干部队伍的培养和建设显得尤为重要。在选用班干部时，班主任不能感情用事，要多听同学们的意见，要选举实事求是、严于律己的学生为同学们的榜样，建设和巩固良好的班集体。

第五节 班级日常规范的环境管理

环境是人们所在的周围地方与有关事物。一般分为自然环境与人文环境。自然环境包括以空气、水、土地、植物、动物等为内容的物质因素。人文环境包括以观念、制度、行为准则等为内容的非物质因素。在班级日常管理中。主要表现为规范环境管理（教学日常规范管理、行为规范管理和偶发事件的处理）和物质环境管理（教室环境布置、教室座位的编排）两个方面。

一、班级日常规范环境管理

规范管理主要是指班级生活日常规范。包括日常教学活动中必须遵守的行为规范等。中学班级规范环境管理包括教学日常规范管理和行为规范管理。如《中学生守则》《中学生日常行为规范》的规定。学校的规章制度。班规班约和课堂纪律、自修课纪律等。规范环境管理就是确保规范的执行。同时也要在实践中不断完善这些规范。

（一）教学日常规范管理

教学日常规范管理是指日常教学活动中必须遵守的行为规范。教学是学校的中心工作。教学是教师的教和学生的学的统一。其实质是交往、互动、共同发展。形成"学习共同体"。要建立起这样的"学习共同体"。必须创设良好的环境与秩序。建设一个稳定的教学环境。从班主任的班级管理和学生发展来看。教学日常规范管理主要包括课堂秩序管理和考试管理。

（二）日常行为规范管理

所谓规范。就是规则和标准。没有规矩不成方圆。没有规范就没有秩序。行为规范。是社会群体或个人在参与社会活动中所遵循的规则、准则的总称。是社会认可和人们普遍接受的具有一般约束力的行为标准。包括行为规则、道德规范、行政规章、法律规定、团体章程等。中学生行为规范是指中学生日常生活和学习中必须遵守的规则、准则。主要包括五个方面：文明礼仪规范、学习行为规范、作息制度日常规范、工作职责日常规范和体育卫生日常规范等。

1.文明礼仪规范管理

礼仪是人类为维持社会的正常运转而要求人们共同遵守的最基本的道德规范。它是人们在长期共同生活和相互交往中逐渐形成。并且以风俗、习惯和传统等方式固定下来的。中学生礼仪教育的内容涵盖着中学生生活的各个方面。从内容上看有仪容、举止、表情、服饰、谈吐、待人接物等。从对象上看有个人礼仪、公共场所礼仪、待客与做客礼仪、餐桌礼仪、馈赠礼仪、文明交往等。加强道德实践。提高德育实效性。应加强中学生礼仪教育。告别不文明的言行。

"少成若天性。习惯如自然。"的确。小的时候如果不进行文明习惯的培养。养成的坏习惯会像人的天性"爱玩"一样自然、顽固。甚至会变成天性。许多中学校园内存在着许多不文明的现象。如常常因为一些小事。引起同学间出口伤人甚至大打出手。由于天气热，有些学生经常把红领巾拿下来不戴。在教室里，有的学生谈笑风生，甚至高声喧哗，课间经常有些学生追逐疯打。弄得满头大汗。甚至擦伤摔伤，看到不熟悉的老师或客人老是不能主动问好，看到纸屑不能主动捡起这种种不文明的现象反映出学生礼仪常识的缺乏、文明意识的淡薄、行为习惯脱离了正常轨道。

学生的这种不文明现象形成的原因是多方面的：一是来自家庭教育方面。在家里。家长工作比较忙。与孩子的交流少。也没有时间去管教孩子。还有一些家长溺爱孩子。纵容孩子有欠文明的行为。有些家长自身就有许多不文明行为。也对孩子产生不良影响。二是来自学校教育方面。学校教育中注重道德认识教育而忽视道德行为教育。重视智育而忽视德育。三是社会教育的影响。比如不良社会风气对学生产生的不良影响等。如果缺少及时的、正确的引导，习惯成为自然。长此以往，孩子渐渐长大，便成了粗鲁无礼、素质低下的社会公民。因此，趁早、趁小，对中学生进行文明礼仪的养成教育至关重要。礼仪日常规范教育应常抓不懈。

2. 学习行为规范管理

班级是学生参加学习活动的主要阵地。学习生活日常规范管理得好。可以培养优良的学风。促进学习质量的提高。在班级中。每个学生要努力做到先预习后上课。先复习后做作业。上课要专心听讲。积极回答老师提出的问题。善于发表自己的见解，作业要独立完成。要符合作业规格。错的要及时订正，要认真参加考试。严禁作弊，自习课时不讲话。不擅自离座位，实验时。保持实验室整洁。听从老师指导。爱惜实验用品，要遵守借还图书制度。损坏、遗失应照章赔偿。

3. 作息制度管理

作息制度是在遵循教育规律和学生成长规律的基础上制订的学生学习和休息的时间安排和相关要求。而作息制度的执行主要通过考勤等方式落实。

考勤主要是督促学生自觉遵守纪律。严格的作息制度有利于学生形成良好的生活学习习惯。有利于提高学生的学习效率。《中学生守则》规定："遵守法律法规。增强法律意识。遵守校规校纪。遵守社会公德。"《中学生日常行为规范》规定："按时到校。不迟到。不早退。不旷课。"这些都是维护正常教学秩序。建立良好校风、班风、学风的需要。班主任要通过对学生遵守作息制度的考察。督促学生自觉遵守纪律。

4. 工作职责日常规范管理

班级内部各类学生干部及所有成员都要明确自己在建设班集

体中的工作职责。这样全员参与。人人有事。就能加快班集体的建设步伐。让学生在实践中得到锻炼。班主任自己也能从繁琐的事务中解脱出来。真正从"保姆"变为"参谋"。在每一个具体的中学班级中。有队委、班委工作职责。有各科代表的工作要求。有班级管理岗位制度、值日班长制度、学生干部轮换制度。这些工作职责和工作制度的实施。有利于学生在班集体中自我管理、自我教育、自我完善。

5. 体育卫生日常规范管理

中学生正处于身体迅速发育的时期。班主任要重视培养学生良好的体育卫生习惯。要引导学生认真参加两课、两操、两活动。保证每天有一小时的体育锻炼时间。努力达到少年儿童的体育锻炼标准。体育不及格的学生。不能被评为优秀学生。中学生的卫生行为包括个人卫生行为和公共卫生行为。每个学生都要努力达到《中学生日常行为规范》中提出的卫生要求。具体包括卫生值日工作的安排与督察、眼保健操、良好的集体卫生与个人卫生习惯的培养与检查、常见病的预防、学生身体检查等。

教室卫生要求每天两扫。每周一次大扫除。地面清洁。要求无纸屑、果皮、污迹、杂物。课桌椅干净整齐。抽屉及台板上没有杂物。讲台干净整洁。黑板每节课后要擦干净。每天放学后要用水洗干净。窗台、门每天擦干净。无粉笔灰、污迹。走廊上墙壁、扶手、地面干净无污迹。水房干净整洁。劳动工具摆放整齐。玻璃每星期擦一次。天花板墙壁每星期掸灰一次。

公共卫生包干区要求每天两扫。每周一次大扫除。要保持包干区内整洁、无杂物。要求卫生委详细了解教室卫生及包干区卫生要求。可利用班会对学生提出详细要求。安排卫生值日表。安排时最好以周为单位。一个小组值日一周。这样学生不易忘记。要求小组长每天对值日情况进行检查。卫生委及老师要组织抽查。

此外。中学生做眼保健操应按时认真、动作到位。教室安静。养成良好的个人卫生习惯。注意衣着整洁。讲究个人卫生。保持桌面课本及个人物品整洁有序。班级管理中班主任应注意常见病的预防、学生身体检查。配合医务室做好相关宣传发动工作。

"他山之石。可以攻玉。"班级日常管理中制订班级日常规范和班主任传授、指导中学生在班级组织中的规范行为时。都应考虑中学生的年龄特点。依据班级实际情况。注意从细节抓起。每一项日常规范都要具体。具有可操作性和可行性。同时要帮助中学生掌握规范行为。内化规范行为。也要及时纠正中学生违反组织规范的行为。

(三)偶发事件的处理

偶发事件是指实现难以预料、出现频率较低。但必须迅速做出反应并加以特殊处理的事件。如学生之间打架、意外受伤、课堂纠纷等。偶发事件的主要成因：天灾人祸、外来干扰、人际关系冲突、恶作剧、违法行为、感情障碍、性格异常等。

偶发事件的特点：（1）偶然性。往往出于人们的意料之外。出现的频率要比日常规范管理中遇到的问题低得多。（2）突发性。是一种特殊的遭遇。常常和社会上的重大事件、学生家庭的重大变故或学生本人的意外境遇联系在一起。在教师缺乏足够的思想准备的情况下突然发生的。（3）爆炸性。一旦发生。就会在班集体和学生个体中造成爆炸性效应。（4）紧迫性。发生偶发事件。要求班主任当机立断。抓住时机。妥善解决。

偶发事件因为有其特殊性。往往不能依靠日常规范的方法解决问题。而需要班主任运用自己的智慧加以特殊处理。处理偶发事件的方法：（1）控制感情。沉着冷静。偶发事件。一般都是在学生情绪波动。头脑发胀的情况下发生的。班主任在处理偶发事件时必须控制感情。做到沉着冷静。（2）了解情况。掌握分寸。在偶发事件发生之后。班主任要注意调查研究。了解事件发生原因。然后再审时度势。采取灵活的教育方式。（3）依靠集体。尊重学生。班主任要善于依靠集体的力量。运用集体的舆论来处理偶发事件。使全班同学从偶发事件中受到教育。另外。班主任要信任学生。尊重他们的人格。圆满地处理好偶发事件。

班级管理中的偶发事件主要有学生之间的矛盾、师生之间的矛盾。有发生在课内的、校内的。也有发生在课外的、校外的。偶发事件若是处理不当。就会产生许多危害。

二、班级物质环境管理

我们这里所说的班级物质环境。实际上指的是以物质为载体的环境。在人们生活的环境中。并没有纯粹的物质环境。人生活的物质环境总会打下人的烙印。正因为如此。反映了人的思想意识的物质环境对人有着重要的影响。班级物质环境管理就是使物质环境能够符合组织生活的条件。主要包括教室布置、座位安排、资料管理、班级财物等的管理。

（一）教室布置

教室布置包括教室墙壁布置、标语口号的拟订、桌椅的摆放、环境卫生的打扫与保持等。苏霍姆林斯基曾经说："无论是种植花草树木。还是悬挂图片标语。或是利用墙报。我们都将从审美的高度深入规划。以便挖掘其潜移默化的育人功能。并最终连学校的墙壁也在说话。"教室是学生学习、生活、交际的主要场所，是老师授业、育人的阵地，是师生情感交流的地方，优美的教室环境能给学生增添生活与学习的乐趣，消除学习后的疲劳，更重要的是。它有助于培养学生正确的审美观念。陶冶学生的情操。激发学生热爱班级、热爱学校的感情。促进学生奋发向上。同时还可以增强班级的向心力、凝聚力。因此班级物质管理首先要抓好教室的环境布置。

教室布置包括黑板报的落实、教室环境的布置、图书角的管理等。

班级黑板报要求主题明确。内容新颖且有一定的教育意义。书写美观工整。板报刊头及美工设计要有创意。形式可以多样。

教室环境布置要求做到：①内容：主题突出、积极向上。有明确的集体奋斗目标或文明公约。②审美：美观大方。色彩协调。格调高雅。③创新：有鲜明的班级特色。有较好的创意。④整体印象：物品（桌椅、工具、书本等）摆放整齐。可适当进行绿色或小饰物的点缀。⑤学生有良好的精神面貌和文明礼仪。

注意：①不得在墙上直接涂画或破坏教室设施。②力求格调高雅。忌花里胡哨和庸俗化。不出现娱乐、体育明星或动漫人物形象。③力求节约。提倡废物利用。提倡学生自己动手。忌花钱过多或使用过多的现成装饰品。

根据班级情况决定是否建立图书角。图书可由同学捐献。要对图书角加强管理：排放整齐。按类排放。保持整洁。

(二) 座位的编排

座位的编排是指学生日常座位次序的排列方式。座位的编排方式对学生的课堂行为、学习态度、学习效果、社会交往、人际关系以及整个教育活动都有着直接或间接的影响。班主任既要科学地安排座位。又要注意方式方法。在编排座位和管理方面。班主任要注意以下几个方面的因素。

第一。从有利于学生身心发展考虑。即从学生的生理因素、心理因素、智力因素等方面考虑学生座位的编排。

从生理因素方面：中学生的性别意识不强。男女生可以同桌。身材高大的可以坐后排。身材矮小可以坐前排。视力、听力有问题的则可考虑调至前排。

从心理因素方面：性格、气质不同的学生结合为同桌。遵守纪律的与自我约束差的同桌。这样可形成优势互补、互相制约。有利于学生的共同发展。

从学习状况方面：学习好、善于思考与学习差、方法掌握不好的同学排在一起，注意力集中的与注意力容易分散的、兴趣爱好相同与不同的合理安排。这样有利于同学之间互相学习、互相帮助。

第二。从有利于不同类型学科上课的需要。考虑座位的编排方式。适应课程改革的目标。从改变学习方式和有利于课堂教学出发。恰当地选用座位编排方式。

(三) 资料管理

班集体建设的资料工作十分重要。它可以帮助我们出经验。出智慧。逐步从经验型向科研型转化。一个班主任。应该有一本全班学生的"明细账"。对学生的家庭情况、个性特长、成长足迹有较详细的持续的记载。班级的重要活动要有原始记录。装订成册。班内要设立好人好事记载簿、违章违纪记载簿。

班主任了解研究学生的方式有很多。在日常管理中。一般可以通过建立学生档案、班级日记、学生周记等方式来了解学生。

1. 建立学生档案

首先。可从让学生书写简历开始。书写简历是迅速直接了解学生的好方法。因为在和一个新的班主任接触的时候。大多数学生还是愿意向班主任老师介绍自己的。比如有的学生就直接将自己的"简介"拟题为"老师。请您听我说""您想了解我吗"等。这些同学渴望被了解的程度由此可见一斑。其实借这个机会我们班主任可以完成多项工作。这其中的关键就在于时机的选择和简历项目的设定了。

其次可以让学生介绍自己。介绍自己的方法适合使用在对学生对自己已经有了初步的了解。但是又急于有更深一层了解的时候。介绍自己也可以有灵活多变的形式。比如我们可以采取个人演讲的方式。也可以通过同学互猜的方式。让一位同学写介绍自己特征的短文。并在班级交流。然后让其他同学猜猜这位同学写的是谁。

再次。在平时的日积月累中。了解学生。收集学生的学习生活的点滴。可能的话也包括发生在学生家人且对学生有较大影响的事。在进行教育时。可结合学生的成长轨迹开展教育。但不宜揪住某一错误不放。

2. 班级日记

班级日记是学生对班中发生各种事和对每位教师教学的看法和感受的记事本。在班中设置班级日记。让每个学生轮流写本班的班级日记。把班上发生的大事或小事。记在班级日记簿里。然后班主任每天读一读班级日记。也可以了解班中更多事情。

班级日记还能记下整个学期班中好人好事或坏事，记下班上的学习气氛如何，记下班中的同学与同学之间的关系如何，记下学生对班主任和各位科任老师的上课评价如何。让每位同学都既有机会练笔。又能反映班中的具体情况。真是一举多得。

3. 学生周记

让学生每周写一篇关于自己、同学或班级一周以来情况的随笔。可以跟班主任谈任意话题。老师最好能及时看周记内容。并能就相关问题给学生以解答与疏导。对日常规范问题可书面解答。对有代表性的问题可全班提醒。

以上方式老师可根据自己的情况决定使用。不需要面面俱到。

（四）班级财物

班级财物包括各班教室内桌椅、门窗、电器等。划分到各班负责的公共设施和绿化包干区财产等。在班级日常工作中，应建立完善的财务管理制度。班主任要经常教育学生爱护公物。培养学生形成爱护公物的良好行为规范。

第六节 班级日常管理的过程与方法

中学班级作为中学的基层组织。其规模虽小。但管理的任务却不轻。它表现为一系列复杂活动。如调查研究、决策、规划、选人、用人、指挥、协调、指导、教育、监督、考核、奖惩等。把这些活动按照中学班级管理周期各个阶段的中心任务进行合并。可以概括为四项最主要的活动——计划、实施、检查、总结。这四项活动有序展开、周期运用就表现为班级日常管理过程的四个基本环节。

一、班级日常管理的过程

班级日常管理工作基本上是按计划（目标制订）、执行（目标实施）、检查（目标监督）、总结（目标评估）这四个程序进行的。这四个环节的有机结合。构成了一个完整的班级日常管理周期。

（一）起始环节计划（目标制订）

计划是班级管理者对未来的一种有目标、有条理的设想。是管理的基本活动。属于管理工作的起始环节。

班级管理要进行的活动内容主要有：

1. 进行预测

根据教育规律、学校人才培养目标和班级的现状。对班级未来发展趋势做出科学判断。班级管理预测是制订班级计划的前提。

2. 确立目标

首先确定班级总目标。然后将其分解为具体目标。

3. 做出决策

要在实现计划要求的多种可能中。抉择一种比较合理的行动对策。这是有效利用办学资源、实现计划目标的关键。

4. 制订规范

要按目标要求确定行为准则。即制订政策规范。这对整个管理活动起着指导和约束的作用。保障计划的实施和完成。

5. 组织安排

确定实现计划目标所需投入资源的数量与质量的要求。明确这些资源之间的关系。从而制订具体实施的步骤方法和工作日程。

(二) 中心环节——执行 (目标实施)

在执行阶段。管理者应着重抓好以下工作。

1. 组织

依据计划要求。在实际的管理活动中组合资源。落实安排。

使人尽其才。物尽其用。这包括：①要健全组织机构。发挥组织作用；②建立必要的规章制度。以确保目标的实现；③要根据计划的要求。适当安排各类人员的职位和任务。尽力做到事得其人。人尽其才；④要根据计划的需要。合理分配财力、物力。保证财尽其利。物尽其用。组织工作是执行阶段的第一步工作。同时也是贯穿于执行过程始终的工作。

2. 指导

指导工作一般包括三个方面：①帮助学生提高思想认识。从实际出发。引导他们明确计划。掌握总体目标。并以此调整自己言行。②充分发挥班主任作用。合理调配资源。如在调配人员、使用经费、投入时间等方面给予支持帮助。③与学生一道。共同研究解决工作重点、难点的具体途径方法问题。

3. 协调

班级管理者一般应做好以下三项协调工作：①当实际工作进程或学校要求与计划、要求不一致时。应修正计划。调整工作要求.②当实际工作中各项工作之间步伐不整齐时。应适当调整。③当实际工作中学生与学生之间产生矛盾时。应进行思想教育。处理矛盾。

4. 激励

主要是加强思想工作。培养和谐合作的师生关系和自我调节的主动精神。同时还必须运用精神或物质手段。如表扬与批评。奖励与惩处等。以此来强化学生的行为。管理者在运用激励手段时。要坚持以精神鼓励为主。物质奖励为辅。

（三）中继环节检查（目标检查）

检查的基本要求：①必须确定检查工作的要求。并以计划中规定的要求为检查尺度或评估标准；②必须得到能表示实际结果与标准要求的偏差的信息。并做恰当而中肯的分析；③认真研究纠正偏差的措施。分析原因。并采取有针对性的相应措施。

检查的方式方法多种多样。从时间上分，有平时的和阶段的；从内容分，有全面的和专题的；从方法分，有口头、书面和现场的；从检查者身份分，有管理者检查、相互检查和自我的检查。这些方式各具特点。管理者需因事、因时、因地、因人而定。以便达到有效检查的目的。

（四）终结环节——总结（目标总结）

总结是对计划执行情况的总检验。是对组织进行检查后的总结论。总结的基本要求：一是要有明确的目的；二是应以计划目标作为评估绩效的标准；三是要以检查的结果为基础；四是总结要以科学的理论为指导。注意对照性、探索性和激励性。五是要实事求是。客观公正。

总结的方式有很多种。从时间上看。总结有随机总结和阶段总结。随机总结是对某一活动临时做出的小结。比如每周一次的班会总结。大多以口头的形式出现。阶段总结主要包括期中小结和期末总结。对半个学期或一个学期的情况进行书面总结。从范围上看。总结有班级总结和个人总结。班级总结一般是班主任对班级的思想、风气、学习、劳动等情况进行系统全面的总结。同时。班主任特别要注意中学生的个人自我总结。培养他们做事有始有终、前后连贯的良好习惯。班主任还要进行自我总结。力求上升到科学管理的高度。揭示出班级日常管理的某些规律。不断提高自己的管理水平。

二、班级日常管理的方法

班级日常管理的实施可以说是既有法又无法。因为方法是为目标和内容服务的。孤立地谈方法没有实际意义。但不管怎么说。总还是有一些基本的日常规范方法。概而言之。班级日常管理的常用法有以下几种。

（一）目标导向法

目标导向法是将目标管理原理应用于学生日常规范管理的方法。它要求按照班级的实际情况。并对照学生守则和学生日常行为规范的要求。将学生管理的各个方面内容分解为具体项目。限定时间达到要求。由各项"小步子"目标。逐步达到班级日常管理的总体目标。此外。在列出具体目标要求后。也可以指导学生自己制订计划。提出实施步骤。逐步实现目标要求。

（二）整体协调法

整体协调法有两个要点。一个是在校内。即要充分利用班级内部各种力量。调动一切管理因素。班主任、任课教师、班干部和全班学生等。全部上阵。全班上下齐抓共管。从课堂教学到课外活动。直至公共场所等各个方面。都要注重加强对学生的管理。另一个是在校外。加强与学生家长的联系。充分利用社会力量等各个方面入手。建立多层次、多方位的立体管理网络。发挥整体功能。实施全面管理。

（三）活动锻炼法

活动锻炼法的主要内容是。通过有计划、有组织、有目的地开展适合学生身心发展特点的、丰富多彩的班队活动来对学生进行管理。具体讲。就是充分发挥班委会和少先队的作用。开展班队活动。组织学生积极参加社会实践和社会公益劳动。培养学生从小勇于吃苦、乐于奉献的精神。要把对学生的日常规范要求。落实在具体活动中。将活动过程变成学生自身管理、自我锻炼成长进步的过程。

（四）榜样示范法

榜样示范法以他人的模范言行影响学生日常行为的教育管理方法。中学生的可塑性大、模仿性强。容易模仿那些他们认为很有意义、能够增强他们上进心的模范言行。榜样示范法适合中学生的心理特点。特别是对于中学生来说。榜样的形象性。有利于帮助他们懂得怎样做和做什么。运用榜样示范法进行学生管理。关键是模范人物的选择。选取的模范要有典型性、时代性和易接受性。在班级管理中应尽量用生活中活生生的模范。对学生进行教育和管理。

（五）竞赛评比法

竞赛评比法的主要内容就是组织学生开展竞赛。激励他们努力进取。不甘落后。同时。对竞赛提出评价意见。肯定成绩。总结经验和教训。以利再战。组织竞赛。要有明确的目的。标准要难易适中。形式要多样灵活。适合青少年的特点，对竞赛中出现个人先进典型要及时做出评价。评价侧重于鼓励。及时进行正强化，评价要看主流、看进步方面。不能只追求竞赛名次。要通过竞赛评价。使学生管理工作落到实处。

上面介绍的几种方法都是学生日常管理中一些常见的方法。学生日常规范管理的方法很多。可根据班级实际情况灵活选用。也可以专门组织练习性活动。创设让学生重复执行某种行为规范的情境。将日常规范管理渗透到学生的各种活动之中。循序渐进。持之以恒。严格要求。反复训练。不断提高学生管理的水平和质量。

三、班级日常管理的实施要求

对班级进行日常管理。有一系列的要求和规定。遵循这些经过实践检验和证明是行之有效的要求。就会少走弯路。这一点是不言而喻的。归结起来。班级日常管理的实施有以下几个方面的要求。

（一）整体设计，全面管理

对班级的日常管理，必须体现全面发展的教育方针。从课内外、校内外等方面实行全方位的管理。目前，在班级管理中，存在着重课内轻课外、重校内轻校外、重文化知识学习轻思想道德教育以及日常行为规范训练的倾向。

因此，注重整体设计，确立德、智、体、美全面发展的培养目标，依靠学校全体教职工，并且与社会、家庭取得广泛联系，从学生的品德修养、学习、生活、课外和校外活动等方面，对学生实施全面、全程管理，是班级日常管理工作的最基本要求。

（二）持之以恒，常抓不懈

班级成员的成长是连续发展变化的过程。因此，进行班级日常管理应保持连贯性，长期坚持，常抓不懈。为了保证班级管理工作能够持之以恒，首先必须从思想上高度重视，充分认识常抓不懈的重要意义。其次要建立严格的学生管理制度，落实专门人员负责。做到有计划、有落实、有检查、有总结。每隔一定时间都要组织有关人员开会。了解学生的思想动态，落实管理措施。

（三）严格要求，养成习惯

绳以规矩，始成方圆。在班级日常管理中，要对学生提出严格而明确的要求，保证班级管理日常规范能够得到贯彻落实。特别是有关规章制度的执行，一定要有严肃性。所制订的日常规范必须是正确的、适当的。

（四）提高认识，自我管理

对学生进行日常管理，并非要学生一味地循规蹈矩、服服帖帖，而是要充分信任和依靠学生，提高其对日常规范管理的正确认识。有计划有步骤地组织学生参与管理，并注重培养其自身管理的自立和自我严格要求的意识，加强自身建设，搞好日常规范管理。班级日常管理的最高境界，就是学生的自我觉醒和自我内省，进而由外部管理转向内部管理及两者的统一，由管理转向不管及两者的统一，由被动管理转为主动管理及两者的统一。

第三章　班级文化的营造与管理

第一节　班级文化概述

人总是生活在一定的文化环境中，文化环境无时无刻不对人产生影响作用。正处于成长阶段的学生特别容易受到所处文化的影响。新课程强调学校要创造充满活力，以人为本，民主、平等、创新、和谐的文化氛围，以促进一代新人的健康成长。而学生的学校生活时间大部分是在班级中度过的，班级文化在塑造一代新人中将发挥重要作用。因此，加强班级文化建设，努力营造积极、健康向上的班级文化，是我们促进学生成长和提高班级管理水平的一个重要举措。

一、班级文化的一般理解

要理解班级文化，首先要理解什么是文化。不妨先思考这样一个问题：

有一群人，他们的性别、年龄、性格、嗜好、追求各不相同，但却能有序地生活在一起，并且构成了一个集体，是什么因素使他们凝聚成这样一个集体呢？有三个层面的因素：一是信仰层面，他们可能有共同的信仰或认同同样的价值观；二是规范层面，他们可能分享同一种由伦理、习俗、制度、法律构成的规则体系，并且这个规则体系还有一个由舆论、社团、机构、家庭、军队、法庭、监狱等构成的监管体系来维持着；三是语言、活动、器物层面，他们使用同一种语言（音乐、建筑也是语言），共同参加活动，生活在一定的场所中。这里的"信仰""规范""语言活动器物"三者，构成了一个群体的整合机制，它们的统一体，就是我们常常指的"文化"。

然而，文化是一个应用广泛而颇有争议的概念，据统计，有关"文化"的定义至少有二百多种。广义地说，文化指的是人类在社会历史发展过程中所创造的物质和精神财富的总和。它包括物质文化、制度文化和精神文化三个方面。狭义的文化是指社会的意识形态以及与之相适应的制度和组织机构。文化就其本质而言，是一种价值取向、道德准则和行为方式等方面的积淀，对某一地区、某一人群的人格、精神发生着影响。人类活动作用于自然界，便产生了物质文化；人类活动作用于社会，便产生了制度文化；人类活动作用于人本身，便产生了精神文化。

关于班级文化概念的界定也众说纷纭、莫衷一是。依据以上对文化概念的理解，我们认为班级文化是指班级成员（包括教师和学生）在班级活动中所创造的物质财富和精神财富的总和，是班级成员共同创造的群体文化，它包括以信念、价值观、习惯、态度为主要内容的班级精神文化，以教室内外环境为主要内容的班级物质文化，以班级组织与规章制度为主要内容的班级制度文化。班级精神文化是灵魂，物质文化是基础，制度文化是保障。

二、班级文化的特征

创造班级文化的主体是学生，因而班级文化具有明显的学生文化特征。

（一）易变性和可塑性

中学生的心灵发展正处在稚嫩阶段，价值观尚未定型，容易受到外界的诱导和影响。歌星、球星或"偶像"等这些"重要他人"的价值观、行为、人格都会对他们产生重要影响。"粉丝""玉米""凉粉"等这些流行在学生中的词汇正是学生受外界影响的表现。在校内，班主任、任课教师的价值观、行为、人格也会对学生产生影响。班主任对班级管理采取不同的方式，就会形成不同的班级文化。对于一个班级来说，更换班主任和任课教师是常有的事，这也会导致班级文化的改变。正是因为班级文化的易变性，它也就有很强的可塑性。

（二）童趣性和独特性

中中学学生是未成年人，儿童特有的原始、粗野、幼稚、纯净、天真无邪等特点使班级文化极具童真和童趣。每一个儿童都是一个世界，由于不同的学生有不同的兴趣、爱好和个性，不同年龄的学生又有不同的特点，因而班级文化也必然有自己的独特性。

（三）向上性和教育性

班级是学校实现育人功能的主要场所，班级文化是学校文化的子文化，因而班级文化的理念与学校的教育理念是一致的。班级文化的建设要着眼于学生全面素质的提高，符合党和国家的教育方针和培养目标，传播正确的价值观、世界观等，使学生在良好的氛围中得到熏陶和教育。

（四）潜隐性和长久性

班级文化具有显性的特点，但更多的是隐性的特点。因为班级文化主要以价值观念的形式出现，潜藏在班级成员的思想观念、行为习惯中，对学生的影响是潜移默化的。学生在班级文化中受到感染和同化，也是在不知不觉、无意识的过程中实现的。然而这种影响一旦产生，其效果又是显著的、久远的，有的甚至会影响学生的一生。

三、班级文化的作用

班级文化往往被班主任所忽视，因为它不像学科教学那样对学生产生直接而明显的影响。然而它却无处不在，时时刻刻都对学生产生影响和作用。

（一）班级文化的教育和熏陶作用

班级文化的核心是被绝大多数班级成员所认同的价值观念体系，一个具有良好文化的班级往往表现为具有正确的价值观和舆论导向、良好的班风和人际关系、向上的学风以及良好的物质环境，这些都是隐性的课程资源，会对每个学生起着潜移默化的教育作用。苏霍姆林斯基曾经说："成功的教育应该使学生在没有意识到教育的情况下却受到毕生难忘的教育，而这种潜移默化过程中受到的教育往往具有滴水穿石的作用。"班级文化作为一种特有的教育力量，它虽是无形的，但又是无所不在的，会渗透于一切活动之中，具有很强的渗透力和感染力，时时刻刻都对学生产生教育作用。

（二）班级文化的激励和导向作用

好的班级文化氛围，往往能形成一种你追我赶的激励环境和激励机制，使学生化被动学习为主动学习，化外部动力为内在动力。学校中常有这样的现象：一个原本表现一般的同学，进入一个富有生机、积极向上的班级后，班主任并未对他施加特殊的教育影响，可是一段时间后他却像变了个人似的，老毛病逐渐没有了，纪律性强了，学习积极性高了，学习成绩进步了。

这就是班级文化激励功能的表现。班级文化的导向作用既可表现为积极的推动力，又可表现为消极的阻力。因为班级成员会自觉地把集体的意志作为自己的价值取向，并主动地调整个人与集体的关系，使之一致。

（三）班级文化的制约和规范作用

班级文化的制约功能是指班级成文的班规、班纪和约定俗成的班风等对学生言行的约束作用。班级文化是班级成员价值取向的反映，它代表了大多数人的观点，它所反映出来的行为模式是大多数人所认同的。全班成员个人的思想、行为方式都和班集体的目标、理念、思想、行为方式相一致。当师生个人的言行与班级文化价值取向发生矛盾和冲突时，他迫于舆论和群体气氛的压力，不得不约束自己言行，使自己的言行自觉服从班级文化的价值取向。在长时间的班级生活中，班级文化往往形成强大的心理制约力量，使班级成员自觉地约束自己，让自己的言行符合班级规范。

（四）班级文化的同化和凝聚作用

文化能使一个社会群体的人们，在同一类型或同一模式的文化环境中形成大致相同的思维方式、价值观念、行为方式。在群体活动中，群体成员经过互动，交流彼此的思想感情、喜怒哀乐，相互满足心理上的某种需要，就会产生亲密感和依赖感，增进成员相互间的吸引力和群体对个人的吸引力。

这样的群体，群体成员心情愉快，精神振奋，认知、情感、行为相一致，其凝聚力就强，团队意识就强。群体凝聚力强的班级，成员的团结水平就高，彼此影响，使人际关系和谐，个体心理不断类化，显示出旺盛的活力。

第二节 初中班级精神文化的打造

班级精神文化是指班级全体成员所共同认可的价值观、信念、态度等，通过班级目标、班级舆论、班名、班歌、班级口号、班训等来呈现。它是班级文化的核心与灵魂，是一个班级的本质、个性和精神面貌的集中反映。在班级精神文化建设中，班主任应该积极引导与精心打造，使正确的价值观念、积极的舆论、健康的奋斗目标、和谐的人际关系在班级中形成。

一、树立正确的价值观念，培育积极的班级舆论

班级舆论是班级文化的重要组成部分，积极的班级舆论就是班级中占优势和为大多数人赞同的正确价值观念、态度和意见。它能影响、制约每个学生的心理，规范每个学生的行为，是学生自我教育的重要手段和推动班集体及其成员发展进步的力量。因此，在班级文化建设中，班主任要注重培育积极的班级舆论，用正确的价值观念引导学生。

（一）加强学习引导

培养积极的舆论，最关键的是让学生形成正确的价值判断。班主任要经常组织学生学习国家的法律法规、学校的规章制度和青少年道德修养等，逐步培养学生正确的世界观、人生观、价值观；教育学生用学生守则上规定的行为规范以及学校的各项规章制度来提高自身分析问题和道德判断的能力。

同时，班主任还要经常结合国际国内的时事，结合发生在学生身边的事以及学校各个阶段的工作重点，帮助学生形成自觉分析其中的是非善恶、荣辱美丑的习惯，使他们面对各种复杂的舆论，也能坚持真理，明辨是非。

（二）发挥榜样力量

榜样具有很强的说服力、号召力，引导学生向先进人物学习是形成积极班级舆论的有效途径。榜样可以是来自班级以外的先进人物，也可以是本班中的优秀分子。班主任要实事求是地树立班级中先进学生典型，引导学生向先进看齐。例如，对取得优异成绩、表现突出的学生授予各种荣誉，如"学习标兵""进步最快奖""运动健将""小能手""最佳行为模范"等，这样会在班级中形成一种崇尚先进的良好风气。

（三）充分利用宣传阵地

班主任要充分利用学校与班级的舆论阵地与宣传工具，扩大正确舆论的影响力。可以利用学校广播、黑板报、阅报栏、宣传橱窗、图书阅览室、名人名言警示牌等，大张旗鼓地弘扬正气和健康的思想，批评歪风邪气和错误的思想行为，从而在班上形成积极的舆论。

二、确立班级奋斗目标，明确集体发展方向

班级精神文化的打造关键在于让全体学生具有共同的奋斗目标、信念与追求。有了它班级就有明确的发展方向，班级文化就有了立足点，就能发挥积极的教育作用。

班级目标可分为长期目标、中期目标和近期目标三种。一般来讲，长期目标指三到五个学年或更长时间要达到的目标，中期目标通常是一个学年要达到的目标，短期目标通常是一个学期或更短时间要达到的目标。

（一）班级长期目标的确定

班级的长期目标应着眼于学生的终身发展，应该符合党的教育方针和素质教育的要求。当前，新课程提出的基础教育阶段的培养目标是：要使学生具有爱国主义、集体主义精神，热爱社会主义，继承和发扬中华民族的优秀传统和革命传统；具有社会主义民主法治意识，遵守国家法律和社会公德；逐步形成正确的世界观、人生观、价值观；具有社会责任感，努力为人民服务；具有初步的创新精神、实践能力、科学和人文素养以及环境意识；具有适应终身学习的基础知识、基本技能和方法；具有健壮的体魄和良好的心理素质，养成健康的审美情趣和生活方式，成为有理想、有道德、有文化、有纪律的一代新人。班主任可以根据本班学生的年龄特点把以上目标转化为较具体的班级目标，如培养学生的"爱国主义、集体主义精神"这一目标，对于中学生来说，可以转化为"能够关爱自己、关爱他人"，对于中学生来说可以转化成"善待自己、热心帮助他人、与班级共荣辱"等。这样的班级目标既和新课程的目标一致，又具有可操作性。

（二）班级中期目标的确定

班级的中期目标应该着力于建设优秀的班集体或形成班级特色。一个优

秀的班集体有以下特征：第一，有明确的共同奋斗目标，凝聚力强；第二，有健全的组织和精干的领导干部；第三，有正确的班级舆论和积极向上的班风；第四，有和谐的人际关系和良好的合作精神。

（三）班级短期目标的确定

班级短期目标应该是班级长期目标和中期目标的具体化，制订时可以与学校或班级的阶段性任务结合起来，体现在每次精心设计的教育活动之中。

由于班级目标是促进学生发展的一种规划，它应遵循教育的基本规律和学生的身心特点。总的来说，班主任在制订班级目标时应注意以下几方面。

第一，方向要明确。班级奋斗目标是全班师生共同努力的方向，是全班统一认识和行动的纲领。班级目标应该符合国家教育方针和素质教育精神的要求，它应该是国家培养人才的目标和学校教育目标在班集体建设中的正确反映。

第二，能发挥激励作用。班级目标应具有吸引力，它能激发班级成员的责任心、荣誉感，鼓舞大家为达到预定目标努力奋斗。

第三，要循序渐进。班集体目标的确立应是循序渐进的，近期目标是依据中、长期目标而设计的，中长期目标又是通过近期目标的不断达成而逐渐实现的。

第四，要有可行性。确立班级目标，要难易适度，必须符合学生的生理心理发展特点、思想觉悟、生活经验及班集体发展水平等实际状况。

三、设计班名、班歌、班训

班名、班歌、班训（班级口号）能以听觉的形式传达班级文化，是班级精神文化不可缺少的重要部分。

（一）班名

学校班级的名称通常是依据年级和班级的序号来命名的，如初一（1）班、初二（3）班、初三（2）班等，这样的班级名称只是一个数字代码，没有个性和特色。班主任应和学生一起给自己的班级起一个既能体现班级特色和时代精神，又通俗易懂，具有激励意义的班名，如"扬帆班""雄鹰班""启慧班""晨曦班"等。

（二）班歌

班歌是班级精神风貌和班级特色文化的标志，它的思想内容就代表着班集体的精神，这种精神会给班级每一位成员以力量、勇气、责任感、荣誉感、自豪感的体验。同时这种体验会激励每一位班级成员为拥有美好的班级而更加努力，奋发拼搏。班歌的创作要根据班级的具体情况而定，有条件的班级可由班主任或学生自己作词作曲，班歌的旋律应该是活泼、奋进、欢快的，歌词应能集中表达班级成员整体的精神风貌、理想和追求，并得到班级成员的一致认可。没有条件的可以选择学生耳熟能详的、特别喜欢唱的歌曲为蓝本，让学生自己来编歌词；也可以直接选用现成的能反映班级成员心声的、积极向上的歌曲作为班歌，如《爱拼才会赢》《真心英雄》《让世界充满爱》等。

班歌的演唱活动对班级精神文化的营造有积极的促进作用。在开学典礼、学校集会、班会、晨会、联欢会等场合演唱班歌，可以造成一种声势，可以使学生在歌声中增强凝聚力、激发斗志、共鸣情感。

（三）班训

班训是班级精神的集中体现，一条好的班训具有间接而内隐的教育影响作用，是激励全班同学勤奋学习、积极进取的精神动力。班主任在确定班训时要从班级的实际出发，充分发扬民主，让班干部和同学一起参与班训的确定，必要时可以召开一次专题班会来讨论。这样确定的班训才能得到全班同学的认可，才能成为共同奋斗的目标。一般来说，班训不拘形式，以简洁、有特色为好。一个好的班训有以下共同之处：第一，有利于培养学生的学习能力，使他们学会学习、善于学习；第二，有利于培养学生的责任心；第三，有利于培养他们适应社会、适应环境的能力；第四，有利于培养学生的创新精神和实践能力。例如,有些班主任确定以下班训:"人人负责,事事负责""细节决定成败,过程决定结果""学会学习,学会做人""自尊、自爱、自信、自强"等等。

四、建立和谐的人际关系

良好的人际关系不仅可以使学生全身心地投入学习，促进学生奋发向上、健康成长，还是体现班级文化品位的标尺。班级人际关系主要是师生关系和生生关系。

（一）和谐师生关系的建立

师生关系是班级生活中重要的人际关系，"亲其师，信其道"只有建立良好和谐的师生关系，才能取得最佳的教育效果。要创造和谐的师生关系，关键在于教师。首先，教师要做到公平对待每一个学生。对班级里不管是聪明或听话的学生，还是愚笨或调皮的孩子，都要一视同仁，不能厚此薄彼。其次，教师要真诚地热爱学生。教师对学生要怀有真诚的感情，尊重学生，关心、体贴学生，学生才会自觉愉快地接受教师的教诲。再次，教师要具有较高的师德修养，良好的外表形象，精湛的教学艺术。

（二）和谐学生人际关系的建立

如今的学生大多是独生子女，个性较强，自我为中心的倾向严重，这些因素不利于他们形成良好的人际关系。而学生间的人际关系，既影响着学生的健康成长，也影响优秀班级的形成。因此，班主任要有目的地加以引导，强调学生之间交往要遵循守纪、理解、团结、互助的基本原则，促进学生形成和谐的同学关系；要多组织学生参加集体活动，如学校运动会、广播操比赛、歌咏比赛等。这样可以培养学生学会共事、学会合作的能力。

第三节　初中班级物质文化的建设

班级物质文化是指班级成员所创造或使用的，能体现班级成员共同价值、信念并为班级成员感官所直接触及的客观存在物，它通过班级标语、黑板报、学习园地、图书角、宣传栏等视觉识别系统来传达班级精神，是班级文化中看得见、摸得着的东西。班主任要对教室进行精心包装，经营一个人性化、温馨的教室环境，让教室每面墙、每个角落都有教育内容，富有教育意义。

一、布置"星级教室"，营造温馨学习家园

当前，我国中学教室的规格基本一致，教室的结构一般是前后各开有一个门，教室内的前后壁分别有一块黑板，左右墙壁各开有采光窗等。即使是这种统一规格的教室，班主任也应该认真规划、设计，布置好教室，精心打造温馨的学习家园。按照当前我国中中学教室的格局，可以作如下安排。

（一）教室前后门面的装饰

教室的门是班级文化的"脸面"，一扇装饰得体、大方又有特色的门会给人留下深刻的印象，人们可以从门的装饰中感受到班级文化的品位，因此，班主任不可忽视教室门的装饰。教室前门的装饰要简洁，不可纷繁复杂，可以贴上班名或精心设计的班级标志（班徽）；教室后门的装饰要尽量展示班级的个性和特色，例如有的班主任把全体同学和教师的照片设计成某种图案贴在上面。

（二）教室前墙的布置

教室前方黑板的正上方中央用于张贴国旗，国旗的左右两边贴上"班训"。班训制作并张贴出来后，班主任一定要利用班会或德育课时间向学生阐释班训的内涵，让学生领会班训的精神意义。黑板右侧（靠近前门的一侧）可开辟成"班级管理园地"，主要用于张贴"课程表""时间表""班干名单""值日生安排表"等。黑板左侧的墙壁可以张贴"学生守则""班级公约""班干部职责"等。

（三）教室左右墙的布置

对于左右采光的教室，一般都把窗户面积做得比较大，中间没有多大的空间，但窗户的上面还是有一些空间，这些空间可以用来张贴名言警句（可以是师生自己的格言）或名人的画像。

（四）教室后墙的布置

教室后墙通常有一块黑板，用来办黑板报。黑板的上方，可以整齐地张贴班级荣获的奖状、奖牌。黑板的左侧（靠近后门）一般不做另外布置，右侧可以开辟成学习园地，用来展示学生的优秀作业或作品，如硬笔书法、学生习作、手工艺术制作等。

（五）办好黑板报或墙报

黑板报或墙报是教室布置的主要内容，是班级文化建设的一个重要窗口，是班级的"眼睛"。它既是班级物质文化建设，又是班级精神文化建设。

办好黑板报或墙报，不仅可以使整个班级更加美观，还可以让学生从中吸收知识、获取良好教益。因此，班主任要认真规划，加强引导，努力办好每一期的黑板报或墙报。

其一，每一期班报应该有一个鲜明的主题。可以结合党和国家在某个时期的重大事件或学校各个时期的工作重点选择富有教育意义的主题，也可以结合各种纪念日选择相关的主题。同时，还可以针对班级中的事件，表扬好人好事，支持先进人物和正确意见，批评各种不良思想行为等。

其二，黑板报或墙报内容的选择要起到对学生进行教育和宣传的作用。所选的内容要根据班级精神文化建设的需要，能体现班级集体舆论形成和班风发展的要求。

其三，黑板报或墙报是学生施展才华、倾诉心声、摄取知识的宝库。班级里应该培养一批自己的小记者、小通讯员、小主持人。从文字编辑、新闻采访到版面设计，可全由学生动手。

其四，黑板报或墙报在表现形式上要服从班级总体布置，在版面设计上要和教室的布置保持一致，构成和谐统一的整体。

（六）建好图书角和生物角

教室的四个角落中靠近前后门的两个角落一般不做安排，另外两个角落可以分别设置成图书角和生物角。

图书角。班主任要充分发挥图书角在班级文化建设中的作用，引导和鼓励每一个学生把自己最喜爱看的书和报刊拿出来与他人交流，既可以培养学生的奉献精神，又是对他们进行集体主义教育的有效举措。可以举行一些读书活动，如定期评选图书角的热心读者，每学期举办一次好书推荐会，举行介绍好书的征文比赛等。这些活动，可以充分调动学生的读书积极性，使图书角发挥其应该有的文化源的作用。

生物角。生物角可放置盆花和鱼缸，供学生观察，使学生亲近自然、热爱生物，激发他们的好奇心和求知欲，且能增加教室内的生机。盆景等的绿色植物还能够调节教室的气氛。这些植物或动物可以是学生从家里带来，也可以凑零用钱买来。在管理上，可以安排学生轮流负责照看，也可以安排专人负责，这样也能够培养学生的爱心和责任心。

（七）班级网站建设

随着信息技术的迅速发展，网络已经成为人们交往和获取信息的重要渠道。当前，许多学生天天上网，成为"网虫"，甚至是"网迷"。班主任应以积极的态度看待网络的发展，占领网络这块教育阵地。制作班级网站（或网页），不仅能发挥学生的积极性和创造性，而且还能把班级文化展示在超时空界限的网络平台上。因此，建议那些有条件的班级积极地建设班级网站。

班级网站的首页可以显示班训、班级标志、班级动态信息等，在网站中开设班级论坛、班主任信箱等，这样不仅增加了师生交流的渠道，而且有利于提高班级的管理效率和水平。

二、班级物质文化建设的基本要求

（一）班级物质文化建设要精心设计，合理布局

教室的布置应根据学生年龄特点，在整洁、美观、大方的基础上，力求知识性、趣味性、艺术性。教室布置的色调要和谐统一，颜色不宜过多、过于繁杂。教室布置物的制作以及摆放必须讲究艺术性，总体上要符合心理学和环境学的要求。

（二）班级物质文化建设要发挥学生的主体作用

班主任应该充分调动每位同学的积极性，带领全班同学用自己的智慧和双手来美化教室环境，使他们在建设班级文化中得到锻炼和教育，培养自治精神。

（三）班级物质文化建设要体现班级精神

班级的布置，墙壁上贴的书画，必须是积极向上的，具有感召力和鼓动性，要能体现班级精神、班级特色和奋斗目标。尽量选用一些能催人上进的名言警句，或学生所敬仰的名人画像和富有哲理的格言等。

（四）材料的选用

材料的选用要以不易褪色、质轻好装卸、好粘贴且不易留下痕迹、经济实惠为佳。

（五）干净、卫生

教室的卫生是班级文化的环境基础，洁净的地板、摆放整齐的桌椅、一

尘不染的窗户、淡淡的花香味，这样整洁、清新的教室让人感觉到舒服、愉悦。这不仅影响学生的身体健康与发育，影响学生的脑力活动与视力，而且影响学生的心理健康、学习效果和文明行为习惯的养成等。

第四节　初中班级制度文化的设计

班级制度文化是指班级全体成员共同认可并自觉遵守的行为准则和规范，以及监督执行机制所表现出来的文化形态。班级制度文化为学生提供了评判行为是否符合规定要求的标准，从而使每个学生时时都在一定的准则规范下自觉地约束自己的言行，朝着班级精神文化所指引的方向前进。班级制度文化是班级文化建设的保障。

一、班级制度的制订

班级制度可分为外部制度和内部制度。外部制度指国家、各级教育主管部门、学校颁布的各个班级学生都必须遵守的制度，内部制度指由本班全体成员针对本班实际情况而制订的本班成员共同遵守的制度，如班级公约、班级岗位责任制、班级一日常规、考勤制度、奖惩制度等。

（一）班级公约

班级公约是班级每位成员必须遵守的行为规范和准则，目的在于使全班同学形成良好的学习、生活习惯，提高遵守纪律的自觉性。如某班的班级公约：

班级公约

一、按照学校作息表，按时到校，不迟到，不早退，认真做两操。

二、遵守课堂纪律，认真听课，做好笔记，并按时完成作业。

三、自习课自觉学习各门课程，安静而专心。

四、爱护公共环境和公共财物，不乱抛垃圾，不乱涂乱划（画）。

五、不在教室内追跑打闹或进行其他影响他人正常活动的行为。

六、用语文明，举止、发言有分寸，尊重和维护他人的正当权益。

七、劳动积极，各自依照安排完成应尽义务。

八、自觉维护班集体利益，离开教室时注意关闭门窗。

九、依照学校规定穿着，注意仪表的整洁大方；朴素节约，不攀比。

十、阅读健康有益的课外书籍。不去网吧和其他娱乐场所。

（二）班级岗位责任制

岗位责任制是担任一定职务的学生的行为规范。通常有班长职责、团支书（或少先队中队长）职责、课代表职责、劳动委员职责、学习委员职责等。例如，某班的值日班长职责：

值日班长职责

负责早自习、午休及自习课或老师不在时的纪律并记录；

自习课课堂纪律的维护与记录；

维护课间秩序；

督促两操、监督卫生；

负责班级卫生反馈；

总结一天工作，写好班级日记。

（三）其他常规制度

如考勤制度、卫生制度、纪律制度、文明制度、奖惩制度等。如某班的奖惩制度：

奖惩制度

凡积极参加校、班级各类活动，为班级争得荣誉的同学，在班会课上要给予口头或者物质奖励，并在班级公示；

学习成绩优秀，模范遵守纪律，期中、期末考试列班级前五名（月考前三名）的，要给予口头及物质奖励，并在班级公示；

凡不遵守班级纪律的同学要给予一定的，惩罚，要为班级做一件有意义的事情，或者申请担任，值日班长。

班级规章制度虽然是班级制度文化的重要组成部分，但班级制度的制订并不等于自然而然地形成了班级制度文化。当一个学生的某种行为通过反复的调整之后成为一种习惯，当大多数学生都按一个大致相同的标准而就某种行为形成同一习惯的时候，这种集体习惯便会升华为一种制度文化。

班级制度文化的形成与巩固需要建立相应的监督执行机制，这主要通过建立健全的组织和培养精干的班级干部来实现。

二、班级制度文化建设的基本要求

（一）要把握正确的方向

班级规章制度在内容上要与班级精神文化所倡导的价值观一致，尤其要以中学生守则、中学生日常行为规范以及学校的校规校纪为依据，不能与国家的教育政策、法律法规相违背。

（二）要发扬民主

班级的规章制度是用来规范全班同学的，必须得到全班同学的认可，才能得到有效地执行。因此，该不该制订制度、制订怎样的制度、怎么保证制度的执行等等，都要在广泛征求全体同学意见的基础上来确定，而不能由班主任或者班委会几个人来定。只有在民主基础上制订的规章制度，才会得到班级全体成员的认可并自觉维护与执行。

（三）要发挥学生的主体作用

班级制度文化的最终目标就是让学生形成自我管理的性格。正如苏霍姆林斯基说的："只有能够激发学生去进行自我教育的教育，才是真正的教育。"因此班主任要充分调动每个学生的积极性，让他们参与班级的管理，尽量让全班学生有职任、有事干，例如魏书生让学生当"花长""门长""值日班长"等。

（四）要注重正面引导

制订班级规章制度的目的并不一定在于防止学生犯错误，而应更多地着眼于正面引导。如在班级公约中以"节约用电是美德，出教室前请关闭电灯、电扇""值日生放学时请关好门窗""图书管理员要时刻保持书籍的整齐"等条款来引导学生的正确行为。

（五）要体现人文关怀

在班级规章制度中不要出现冰冷强硬的字眼，如"禁止""不准""不要"等，而应该把一些充满温情、关爱、希望的字眼运用到制度条文中来。

例如，用"保持自己桌椅的洁净"来代替"禁止在桌椅上乱写乱画"，用"上课积极发言，营造活跃课堂气氛"代替"不要破坏课堂纪律"等。

（六）要符合本班实际

每一个学生的个性不同，不同的班级也有不同的特点，即使是同一个班级在不同的时期也会出现不同的状况。班级规章制度的制订应根据班级文化建设的实际情况，或根据班级现在或将来可能出现的某种倾向来制订，既不能定一个制度就一劳永逸，也不是制度越多越好、越全越好。

某班级的部分制度

考勤制度

1. 每天上课由学习委员进行考勤，登记各种情况并让老师签字。

2. 对迟到、早退的同学通报批评。

3. 集体活动也要进行考勤，对缺勤的同学，按活动的时间来算旷课的节数。

4. 每天下午、晚上必须在预备前半小时进教室。

劳动制度

1. 每天安排一个值日生，负责擦黑板，监督全班同学不许带零食到教室（矿泉水除外），保持教室干净整洁。

2. 每个宿舍实行值日或值周制度，值班的同学负责打扫好卫生，监督其他同学整理好床铺，对个别未加整理的，先帮其整理好，事后要找时间提醒他（她）以后多注意，尽量使宿舍每天保持整齐、干净。

3. 每次大扫除，若没有班主任的签字请假单，任何人不许无故缺勤。不允许任何人不出力，对偷懒者要进行批评教育。

4. 每次劳动课必须听从班团干部的安排，如有意见应及时向班团干提出以便能及时调整，不允许因不服从安排而拒绝参加劳动。

奖惩制度

1. 凡积极参加集体劳动、为集体出力，表现突出者，将由班委在班上公开表扬，并记红旗一次。而不积极参加班集体活动、甚至对班集体活动不过问者，将在班上通报批评。

2. 凡在学校的各种活动、比赛中取得好成绩，为班级争光者，除了得到学校的奖励外，班级也将给予一定的奖励。

3. 对学习勤奋的同学、学习好的同学、学习进步很明显的同学，班上要给予奖励；对学习偷懒、学习不积极、经常迟到缺课的同学要给予必要的惩罚。

4. 没有履行上述制度的给予必要的惩罚。

5. 拾金不昧者在班上公开表扬，并记红旗一次。

第四章 班集体的建设与管理

班集体是创造一个相互欣赏并使每个人的精神得以滋养、生命质量得以提高的民主主体，为更多的个体生命意识的觉醒与生命力的勃发，敞开更多、更系统的成长空间和发展平台。

第一节 班集体概述

"只有完善的集体，才能造就完善的人。"个人的成长离不开集体，只有在集体中，个人才能获得全面发展的手段和展示其才华的舞台。班集体是学校组织的基本单位，是学校为实现教育目标有目的地组建的教育集体。建设班集体就成为班主任工作的重要内容。

一、班集体的内涵

有人群的地方就有"群体"，但不能称之为"集体"。"集体"和"群体"，虽然一字之差，但涉及的内涵和外延是绝对不同的。在学校里每一位同学都有自己固定的班级，从而形成了班群体，但班群体绝不是班集体。我们认为班群体是形成了有一定组织形式的正式群体，它是以行政命令的方式加以指定和组织的。班级和班集体是两个容易混淆的概念，明确这两个概念的区别和联系，有利于我们更深地理解班主任工作的目的，更好地把握班主任工作的方法。

班集体是按照班级授课制的培养目标和教育规范组织起来的，以共同学习活动和直接性人际交往为特征的社会心理共同体。在本质上，班集体的内涵具有多个层次，具体而言：

第一，班集体是一个以学生亚文化为特征的社会群体，它传导和积淀着班级制度的社会文化基因（教育目标、规范和组织模式）。

第二，班集体又是一个以教学为中介的共同活动体系，它以课堂教学为中介，整合学校、社会、家庭的教育影响，社会化的共同学习活动是班集体形成和发展的主要整合因素。

第三，班集体还是一个以直接交往为特征的人际关系系统，正是交往和人际关系，动态地反映了集体与个体、个体与个体、集体与环境的相互作用，标志着集体形成的过程。

第四，班集体是一个以集体主义价值为导向的社会心理共同体，集体心理的统一性和社会成熟度综合反映了集体主体性的水平。

二、班集体的特征

按照马卡连柯的理论，集体是人的联合，它形成的基础是"具有社会价值的目标；为实现这些目标而进行共同的活动；集体成员之间相互负责的关系；组织起各种自治机构；集体是苏维埃社会的一部分，同一切其他的集体有机地联系着"。班集体除了具备一般班级群体的特征外，还有其自己的特征。

第一，班集体的目标高于一般班级群体的目标。班集体为自己班级规定的活动目标和意义不再局限于集体内部及其每个学生，而具有学校的整体意义和社会意义。集体目标对于每个集体成员的个人目标来讲，虽然在某些方面可能有些差别，甚至也会出现局部的对立，但从整体上讲二者基本上是一致的，并且只有集体目标的最终实现，才会为个人目标的实现创造条件和开辟道路，从而更有效地实现个人目标。

第二，班集体会采取更加统一的行动。班集体一旦形成，其成员遵循共同的价值观念和公认的行为规范，具有高度的凝聚力，其学习与活动也会产生高效率，这就保证集体能圆满地完成学校和社会规定的学习任务。

第三，班集体成员间的相互作用及影响力高度深化和内化。在班集体中成员间的交往比一般班级群体不仅更为频繁，而且也更为深入，有着显著的情感一致性。班集体的领导核心和众多的积极分子之间，以及他们与同学之间会产生极大的影响力。这种影响力不仅有利于学生的成长，而且会形成一种合力，推进全班各项工作。

三、班集体的功能

班集体作为社会与学生交互作用的中介系统，既然受到社会环境、教师集体及其自身成员等诸多因素的作用和影响，必然会对社会和学生发生反作用，我们把班集体在与外部环境和内部成员交互作用中所显现的作用、影响及其后果，称之为班集体的功能。

（一）班集体的社会化功能

班集体是一个以学生亚文化为特征的社会群体。它按照一定的社会要求，以教育目标为导向，借助课程、集体规范、交往、人际关系、班级文化等载体，对儿童、青少年学生传授社会文化历史经验，指点社会生活目标，教导社会规范，培养社会角色，从而提高集体成员的社会心理素质。由于班集体是沟通宏观社会与个体的中介，又置身于家庭、社区、校外同辈群体、大众媒介等多重社会化机构之中，所以，班集体作为一个高级形态的社会群体，具有调控社会、家庭、学校多重教育影响的独特功能。

（二）班集体的组织功能

班集体是为了教育目的而专门组织起来的教育集体。它既是班级授课制的基层教育组织，又是学生集体学习、劳动、游戏等社会活动的基本组织形式。研究表明，班集体在教育过程中的组织功能主要表现在：①集体目标在组织共同活动中的指向、激励作用。②人际关系在组织共同活动中的沟通和凝聚功能。③集体的规范作为统合集体中个体行为的规则和范型，在组织共同活动和校正人际关系中，具有调控功能。它以纪律、舆论、传统、制度等手段，使班级的教学、教育和管理行为，按照一定的模式和秩序循行，保证教育质量的提高。

（三）班集体的教育功能

班集体，作为有组织的社会化机构和教育过程，蕴涵着巨大的教育潜能。班集体作为一个独特的教育影响源，是社会影响和教师影响的折射，它是对集体环境中教育因素的转换器，有利于集体不断开拓新的教育领域。集体有利于促进个体的认识过程和智力发展。只有在集体教育和集体活动的背景中，教师才有可能在更大范围和多种活动中，充分运用多种教育因素，构成教育方法的系统，积极地给学生以深刻的影响。集体对个人的教育影响是通过模仿、感染、暗示、从众、认同等社会心理机制实现的，具有潜移默化的特征。班集体是一个以儿童、青少年学生为主体的亚文化群。

（四）班集体的个性化功能

个性的社会心理学意义是指个体中整合起来的社会特征。学生集体对其成员的社会化过程，就是学生的个性形成和发展过程，因此，班集体具有培养和发展学生个性的功能。在集体建设中，学生是活动的主体，是在活动中形成各种社会关系的主体。正是在学生集体自主学习、自我教育、自我管理中，具有参照性的集体目标、价值、规范等转化为集体成员的需要、动机系统，而学生个体在集体人际关系中所处的地位又决定了他的态度和行为方式，在意识中形成了集体主义的思想和情感，以及在集体中自觉的能力，形成个性的社会倾向系统。因此，集体的形成过程也就是培养个性的过程。

四、班集体的形成阶段

班集体意识是集体意识的具体表现，是指班级集体或群体、学生群体、学生个体共同产生的对班级集体的目标、信念、价值规范等的认识态度、情感体验与意志行动的总和。班集体形成的过程，是班集体各要素从量变到质变的过程。健全的班集体不是自发产生的，而是班主任、班级任课教师和全班学生按照一定的教育目的和任务，按照一定的工作计划和要求，齐心协力逐步建设形成的。从班集体的形成过程看，一般来讲，主要经历以下几个阶段。

（一）松散的群体阶段

班级刚组成时，同学之间、师生之间都很陌生，班级共同的价值目标和行为规范尚未形成，自我管理机制尚未建立，处处依赖班主任的决策和指挥，学生自身无自律性的要求。

（二）班集体初步形成阶段

经过一段时间，通过各种活动，班级成员之间彼此有了了解，涌现出一些热心集体工作的积极分子，通过选举，组建起班干部系统，在班主任的指导下发挥组织管理的作用。虽然初步形成了班级核心，但班级的行为规范尚未变成全班同学的共同需要，集体舆论没有形成，班级奋斗目标尚未成为全班同学的共同追求和行动的动力。

（三）班集体的确定阶段

这时，班级已有了比较稳定的领导核心，班干部各司其职，独立而有计划地开展工作；集体有了共同的奋斗目标，并为全体成员所确认而内化为个人的目标；班内形成了正确的舆论和有特色的班风；班级有严格的组织性和纪律性，人际交往环境良好；学生有较强的集体荣誉感，能主动承担集体交给的任务。

（四）班集体巩固、发展阶段

班集体一旦形成，班主任就要提出更高的要求，使班集体能创造性地开展丰富多彩的活动，集体的核心、骨干的力量不断增大，涌现出更多的积极分子，乃至人人关心、热爱班集体，使优良的班风逐步得以形成和巩固，使集体真正成为促进全班学生自我教育、健康成长的力量。

苏联教育家马卡连柯认为："集体是活生生的社会有机体，它之所以是一个有机体，就因为那里有机构、有职能、有责任，有部分之间的相互关系和相互依赖，如果这样的因素一点也没有的话，也就没有集体了，所有的只是随随便便的一群人罢了。"一个健全的班集体应具备以下基本特征：①有共同的奋斗目标和为达到共同目标而组织的共同活动；②有健全的组织机构和强有力的领导核心；③有严格的规章制度与组织纪律；④有正确的舆论和良好的班风；⑤有团结、友爱、和谐的人际关系。

第二节　班集体的建设

班集体的发展和形成不是自发的，而是在班主任的教育、管理和指导下，通过自我教育、自我发展形成的。建设班集体，把班级团队与个体成员的发展融合起来，既能促进学生的和谐发展，也能促进班主任个人组织管理水平的提高，最终促进学校的持续发展。

一、实现班集体的目标管理

共同的发展目标是班集体形成的基本条件和前提。马卡连柯提出集体教育的目标原则，说要让集体目标起到激励、凝聚和教育作用，把集体的价值渗透到个人的思想和行为中去。

班集体的目标是班集体形成和发展的核心动力，它不但为班级的决策提供重要的参考依据，而且为班级的发展指明了方向。其重要意义在于：①班集体目标能满足学生健康的心理需要。②班集体目标能激活学生的内驱力。③班集体目标能增强集体的凝聚力。学生聚集在一个班里，如果没有共同目标就不可能形成具有凝聚力的班集体。班集体的目标来源于班级的愿景。愿景是勾勒团队未来的一幅蓝图，它将说明"团队的未来将会怎么样"。

从学生个人到班级，乃至学校组织，都需要确立共同的愿景，这是凝聚团队力量的核心。班集体的每个成员只有致力于共同目标的设立和愿景的确立，致力于在集体中承担角色，才能使整个班级获得成功。

班集体的目标分类按其性质分为集体目标和个体目标。集体目标体现了班集体教育目标的统一性、教学目标的标准化、管理目标的规范性。个体目标反映了每个学生自身的需要和个性特征，具有强烈的个性化特点。当班主任在构建班集体目标的时候，既要充分体现国家方针政策的指导，又要充分考虑每个成员在这种宏观的影响下有各自的期望目标，这就是集体目标和个体目标的和谐统一。

在制订目标的过程中，班主任首先应认识到学生自我独立意识较强的特点，让每个学生充分参与，以增强学生的参与意识和集体责任感。其次，要注意结合本班的特色，融思想性、针对性、可行性和鲜明性于一体。既要树立长远目标，又要有步骤地提出更加贴近实际的近期努力目标，在此基础上逐步接近长远目标，以增强对长远目标的信念。再次，根据阶段目标设计班级教育系列活动。比如入学时可开展"我与班集体"系列活动，如"集体是我成长的摇篮"主题班会、"我为班级献一计"演讲赛、"奋斗目标大家谈"主题讨论会等。

在制订班集体发展目标的时候，班主任必须遵循现代管理学关于目标制订的"黄金准则"——SMART 原则，即明确性（Specific）、可衡量性（Measurable）、可接受性（Acceptable）、实际性（Realistic）和时限性（Timed）。"明确性"指的是要用具体的语言清楚地说明要达到的行为标准。"可衡量性"是指应该有一组明确的数据作为衡量目标是否实现的依据。"可接受性"就是指班主任和学生都要认可这份班级团队目标，而且有信心能够实现目标。"时限性"，顾名思义，是指目标实现要有时间限制，否则无法对目标进行考核。

二、建立班集体的核心队伍

班干部是一个班集体的骨干和核心，是班级工作顺利开展的保证。一个优秀的班集体必须有一支素质优良、团结协作、富有活力、能独立工作的干部队伍。可以说，班干部是班级团队中的精英人物。班干部作为班主任的助手和全班学生的带头人，既是联系师生的桥梁和纽带，又是班级各项工作的组织者和执行者。班干部的素质如何，作用发挥得好坏，对整个班集体建设有着举足轻重的作用。所以，选择和培养班干部是班集体建设的重要环节。

一个好的班集体，必须有一支干部队伍，并由他们组成班集体的核心，来协助班主任完成各项工作。班级管理、建设的好坏，往往与班干部力量的强弱、发挥作用的大小有很大关系。因此，精心选拔和培养班干部是建立良好班集体的基础。班干部必须是班集体成员中的优秀分子。从班干部自身的素质来说，第一要具备良好的道德素养，例如，班干部要公正无私、以身作则、热情积极、团结协作，具有一定威信；第二，良好的学习品质，这里学习品质不仅指成绩，也是进取心、勤奋度、学习方法及能力等要素的综合反映；第三，具备一定的组织、管理能力，班干部要善于并正确处理各种人际关系。只有坚持以上标准，班干部队伍才能在班集体中维持旗帜效应，学生以担任班干部为荣，班干部队伍才会有生命力。

在选择和培养班干部过程中，班主任首先要让大家明确，做班干部的指导思想是"为大家服务，同时锻炼自我能力"，杜绝利用班干部的头衔或权力牟取私利的思想。其次，要本着公正、择优、民主的原则，选拔那些德才兼备、乐于助人、深受学生拥护的同学，根据每个人的特长安排适当的工作，要求班干部队伍统一思想、各司其职。再次，加强对班干部的培养教育和评估考核。一方面，通过培养教育改进班干部的工作方法；另一方面，通过评估考核加强班干部的责任心与工作积极性。在班干部的任用上，既要充分信任他们，适当授权使其能发挥主观能动性，又要及时关心指导，引导班干部成为独当一面的"帅才"，充分发挥班干队伍在团队建设中的核心作用。

三、建立班集体的正常秩序

班集体的正常秩序是维持和控制学生在校生活的基本条件，是教师开展工作的重要保证。班集体的正常秩序包括必要的规章制度、共同的生活准则以及一定的活动节律。班级规章制度是班集体为实现共同的奋斗目标而制订的规则、章程，是班集体按一定程序办事的规矩，是班级管理的准绳，班级管理离不开规章制度。俗话说，"没有规矩，不成方圆"。一个良好班集体的形成，必须有一个人人都必须遵守的班级规章制度。健全而科学的班级管理制度是班级工作走向科学化的客观需要，是班集体形成和发展的标志，是做好班级工作的重要保证。健全的班集体规章制度不仅是建设优良班风的有力保障，而且也是实现班级团队目标的客观要求。为此，班主任必须加强制度建设，以规范班级工作，提高班级工作的透明度，引导班集体的持续健康发展。

班级制度包括成文的制度与不成文的制度两个方面。班级组织制度主要指成文的制度，而不成文的制度主要是指班级的传统、舆论、风气、习俗等，实际上属于广泛的文化环境。例如某班的"每日教育制度"，包括"每日一题""每日新闻""每日格言""每日英谚"和每天的值日班长汇报活动。"每日一题"写在后黑板上。数理化每天一题，因为理科是许多学生的薄弱科目。"每日新闻"，安排在每天晚修之前，每天一位同学播报当天的重大新闻。这项活动深受学生喜爱，学生自豪地跟班主任说，"老师，别的班不知道的事情我们都知道！"通过"每日新闻"活动，学生可以扩展视野和心胸，了解天下大事，培养世界情怀。"每日英谚"由英语科代表搜集，每天一条写在前面黑板的右下角。"每日格言"由每天的值日班长送给大家，抄写在后面黑板上。语文课上，老师会找同学作即席发言，谈对于格言的感想，这样又锻炼了学生的语言表达能力。

班集体的制度建设应遵循严格化和具体化的原则。之所以要建设班级制度，主要是因为严格的制度能对班集体成员起到一定的规范、约束，甚至威慑作用。松松垮垮的制度没有任何的约束力可言，形同虚设。班集体执行严格的规章制度，是班集体公正、公平的表现。这也有利于班集体形成积极向上的精神风貌。"具体化"是指班集体制度建设应具有细节标准，应具有较强的可识别性。如果一项制度很笼统，粗中无细，那么执行起来就会缺乏可识别或量化的依据，这也将导致制度不"制"。

四、组织形式多样的教育活动

班集体是在全班同学参加各种教育活动中逐步成长起来的，而各种教育活动又可使每个人都有机会为集体出力并显示自己的才能。设计并开展班级教育活动是班主任的经常性工作之一。

班级活动是建设良好班集体的重要组成部分和最重要的内容。班级的共同努力目标要靠班级每个成员参与共同的活动而实现。班集体的形成，需要通过一系列教育活动，而集体活动的有效开展，可促使集体目标的实现、集体纪律的增强、同学友谊的发展，因而也在一定程度上标志着集体的形成、发展、巩固。没有经常的集体活动，集体的生命是孱弱的，整个班级没有生气，导致集体发展停滞以至"窒息死亡"。中学生喜欢参加各种生动活泼、富有情趣的集体活动，其集体观念，集体的义务感、责任感，集体的荣誉感，为集体服务的能力，在集体活动中得到发展。集体活动增强着集体凝聚力，调动每个成员积极性，形成着健康积极的集体舆论和良好风气。

根据班级教育活动的时间分布，集体活动主要由日常性的教育活动与阶段性的教育活动两大部分组成，所涉及的主题内容有教育活动、文艺体育活动、社会公益活动等。从班级活动内容看，班主任要有整体教育的考虑，要包含德、智、体、美、劳诸方面活动，形成全面的信息网络，使学生得到多方面的教育和发展。从班级活动的全过程看，整体活动和个别活动是辩证统一的。就一次活动来说，只有从酝酿、设计、准备阶段发动学生全身心地投入进来，活动实施时才会有激情，教育性也就蕴涵其中了。所有的班集体活动都应有其整体性，切忌把活动当成一种目的来开展。

五、培养正确的舆论和良好的班风

"舆论是自发产生的，带有非理性的成分，它在表达公众意志的同时，也集中了各种短见和偏见。"班级是一个小社会。在班级成员的交往中，某些信息、观念和意见会得到大多数人的认同，从而得以在班级中广泛传播，形成班级舆论。

一个良好的班集体要形成正确的舆论和良好的班风去影响、制约每个学生的心理，规范每个学生的行为。正确的舆论是一种巨大的教育力量，对班级每个成员都有约束、感染、熏陶、激励的作用。在扶正压邪、奖善罚恶的过程中，舆论具有行政命令和规章制度所不可替代的特殊作用。因此，班内要注意培养正确的集体舆论，善于引导学生对班级生活中一些现象进行议论、评价，形成"好人好事有人夸，不良现象有人抓"的风气。

班主任在班集体的舆论和班风建设方面要注意以下几点。

第一，强化正确舆论和良好班风的制约作用。舆论代表大多数人的意见，它可以对每个人产生一种压力，从而约束每个人的言论和行动。所以，正确的、健康的舆论能够阻止不道德的言论和行为的发生，也能使积极的言行得到弘扬。正确舆论对班级的影响是相当大的，它反映了学生的意见及要求，因此，班主任如果忽视了班级的舆论，会使学生产生反感及冷漠的心理。正确舆论可以战胜不健康的舆论，抑制歪风邪气，使正气抬头，所以，在班集体建设中必须建立正确舆论，以抵制不健康的舆论。

第二，加强正确舆论和良好班风的指导作用。学生在生活和学习过程中会遇到许多实际问题，这些问题在正确舆论指导下能很好地得到解决。社会心理学研究认为，"舆论指导者"所进行的宣传，所起的舆论指导作用更大。

班主任是班级中最主要的"舆论指导者"，由于他们是专业的教育工作者，又有比学生丰富的生活、学习经验，所以他们的宣传更有说服力。对学生怎样学习，怎样工作，怎样认识自己，怎样对待别人，等等，都有指导作用。因此，在形成正确舆论过程中，应充分发挥"舆论指导者"的作用。

第三，加强正确舆论和良好班风的鼓舞作用。正确舆论往往可以成为学生积极行动的先导，只有以正确舆论为导向，才能发展学生的积极行为。形成了人人要刻苦学习的舆论，才能产生积极的学习行为；形成了"人人献出一份爱心"的舆论，才能产生资助"希望工程"的行动。所以班主任要积极地营造健康的舆论，鼓励学生为实现自己和班级的目标发奋努力。

健康的班级舆论是形成良好班风、学风的保证，是全体同学正常学习、生活的保证。一个班级若没有健康舆论的引导，就不可能有一个共同的奋斗目标，不可能有融洽和谐的人际关系，因而也就缺乏凝聚力。可以说，没有健康的班级舆论，就没有良好的班集体。

第三节 班集体的管理

班主任是班集体的教育者、组织者和领导者，在班级管理和班集体的成长中起着至关重要的作用。班集体的管理是由班主任去具体操作实施的，因此班主任要善于管理，勤于管理，树立良好的班风，实践"管是为了不管"的教育思想，从而使班集体成为学生的精神家园。

一、培养团队精神

班集体是一种教育力量，但是，并非所有班集体都能发挥教育作用，只有具有班级精神的班集体才能发挥教育作用。集体是在共同的理想、共同的智力、共同的情感、共同的组织这几块基石之上建立起来的。而这些精神当中，团队精神的培养更是显得尤为重要。

所谓团队精神，简单来说就是大局意识、协作精神和服务精神的集中体现。团队精神的基础是尊重个人的兴趣和成就，核心是协同合作，最高境界是全体成员的向心力、凝聚力，反映的是个体利益和整体利益的统一，并进而保证组织的高效率运转。

一个班集体就是一个团队，一个优秀的班集体就是一个有着团队精神的高效团队，会充满活力，会不畏挫折，会充满责任，会共同奋进。班主任必须培养班集体的团队精神。

第一，增强班干部的领导力。班干部是班级团队行为的一种导向和核心，采取怎样的领导方式直接影响到班级团队凝聚力的高低。在班级团队中，班干部被赋予了某些"与生俱来"的权力，在这种情况下，若班干部仅凭权力发号施令以权压人，是形不成凝聚力的。只有采取民主的领导方式，班级团队成员才有可能充分表达自己的意见和建议，积极参与决策。只有采取民主的领导方式，班干部的领导才可能令人心悦诚服，让团队成员愿意追随。

班干部是班级团队的领头羊，更是班级团队的榜样式人物。班干部是否以身作则、严于律己，是否公平、公正地对待团队成员，这些都与班干部的威信直接相关。没有威信的班干部是无法领导、管理好班级团队的。所以，班干部应从小事做起，严格要求自己，不断增强自身的印象力。

第二，引导全员参与。全员参与管理这种形式，吸引着班级团队成员直接参与班级的各种管理活动。比如，在召开班干部会议时，邀请普通学生列席；在制订班级规范时，广泛征求学生意见。全员参与的管理形式促使团队成员不仅贡献劳动，而且贡献智慧，直接为班级团队的发展出谋划策，激发主人翁责任感，使团队形成更强大的向心力。

第三，开发成员潜能。班级团队发展归根到底是团队成员个人的发展。班主任有责任研究每一个学生的才能、潜力、志向等，帮助他们规划设计学习和生活，为不断提高学生的素质，开发其潜在能力作出积极努力。学生能在团队中得到发展，就会对团队产生归属感，从而愿意为团队的目标尽心尽力，合力拼搏。

第四，强化团队意识。班主任可以运用个人奖励与集体奖励相结合的方式来强化学生的团队意识。个人奖励虽然会在团队内部形成压力、弱化协作，但也有可能增强团队成员间的竞争力。集体奖励则可使团队成员意识到个人的荣辱与所在团队密不可分，从而增强团队的凝聚力。所以，建议班主任在强化团队意识的时候，注意将个人奖励与集体奖励相结合，既承认团队的成绩，也承认个人的贡献。

二、班集体的制度管理

班集体的制度管理是指通过制订和执行规章制度去管理班级的日常事务性工作。规章制度是学生在学习、工作、生活中必须遵守的行为规则，它具有管理、控制和教育作用。涂尔干认为班集体管理中的制度包括纪律规范、行为规范、生活规范等提供的都是一种道德符号，它存在的目的是使班集体这样的小社会的正常运转成为可能，因此，制度不仅仅是一个为了教室里表面的平静而设计的工具，而且是作为一个小社会的班集体里的美德。

制度总是相对于管理目标存在的，是为管理目标服务的，是对管理目标的分解和具体化。因此，它还应成为对学生进行道德约束的一种力量。

班级是个规则结合体，是由大大小小各种层次、类型的规则组建起来的，学生就是在这样一个规则网络中活动的。而要想实现各种规则的教育意义，确定什么样的规则，确定规则的程序怎么制订，规则执行的准则是什么，就是建设一个班级首先要思考并且在班级治理过程中需要不断反思的问题。在班级管理中，除了校纪校规，班主任还需要组织制订许多适宜的、行之有效的班级制度。制订规章制度必须具有科学性、可行性、群众性和严肃性。它使班级管理过程有章可循，在评价时也有统一的标准。它目标明确，可操作性强，对学生日常行为规范起到了不可估量的作用。

班集体的规章制度应符合教育方针、教育目标和学校的整体教育工作的要求，尤其是德育工作的思路。班主任应该向学生介绍教育方针、教育目标、学校教育要求和工作思路，介绍教育的发展形势，引导学生学习《中学生守则》《中学生日常行为规范》以及学校有关学生学习、生活的各项规定。制订的规范应具有全面性、层次性、针对性、激励性和可操作性。

全面性，是指班级规范要有利于学生的全面发展，涵盖学生的主要行为规范。班级规范的制订，必须有全班同学参与，面向全体学生，确保规范成为全体学生能够自觉执行的行为准则。集体规范制度如果脱离实际，不切实可行，或者只是班主任或班干部等少数人的思想，而大多数成员不认同，就难以转化为全体成员的约束力，实施起来，效果肯定不佳，甚至形同虚设。

为了使班级规范逐步转化为学生的自觉行为，要加强经常性的检查和评比，可以采用自查和互查相结合的方法进行。自查，是指要求学生对照班集体的规范制度和班级公约等反省自己的言行，发现问题，找差距。互查，就是在自查的基础上，互相检查，互相监督，互相帮助。执行纪律和规章制度的目的，是为了维护集体利益，为每个成员的发展创设良好的环境，那种动辄处罚、以罚代教的管理必然是失败的管理。实践证明，不失时机地对学生提出科学的合理的行为要求，并通过正确的教育引导和训练，巧妙地运用形成规范的心理机制，就能够逐步将管理目标转化为集体的价值观和集体的习惯与传统，进而形成训练有素的班风。

三、班集体的人本管理

班级人本管理是指班主任（或有关管理者）首先确立学生在管理过程中的主体地位，继而围绕调动学生的主动性、积极性和创造性而展开的一切管理活动。

在环境创设上，班主任应该创设充满人文关怀的班级环境。杜威认为："所谓人的成长，就是在与环境相互作用的过程中更新了自己。"班级文化是班级建设中重要的环节，一个集体在成长中应当有个性、有特色，才能体现人文关怀，才能充满生长气息。创设一个人文的班级环境，是新的教育理念所倡导的。我们在工作中应从小处着手，潜移默化，为学生营造一个既令人赏心悦目又寓意深刻的教室环境。清洁、整齐、美观固然是不容忽视的重要方面，但教育行家都懂得，还必须让教室环境发挥陶冶学生情操、激发学生向上的积极作用。

在班级制度建设方面，班主任应该建立富有人文情怀的班级制度。一般而言，每个班主任都会制订一些适合本班的管理制度，提出具有自己班级特色的班风要求，设计自己的班标。而班级制度毕竟不同于具有社会意义的法律，它只是对学生不良行为的约束和纠正，因此，在约束和规范的同时，应具有人文性，富有人情味，要允许学生犯错，要尊重学生，尊重学生"自主性"和"主动性"的地位，张扬学生的个性。

在人际交往方面，班主任应努力营造融洽和谐的人际环境。人际关系是一种高级形式的文化，良好的人际关系不仅可以使学生全身心地投入学习，促进学生奋发向上、健康成长，还可以形成良好的集体意识。良好的集体意识是一种向上的群体规范，是影响学生成长的一种无形的巨大的力量。人际关系既包括师生之间的关系，也包括生生之间的关系。老师要热爱学生、尊重学生，做学生的知心朋友；学生之间要理解、团结、互助，具有自信、公平竞争、助人为乐、大度为怀的精神，学习上互帮互学、共同进步，从而形成充满理想、团结友好的班集体，让学生感受到集体的温暖，体会到集体力量的伟大，在团结友爱、相互尊重中健康成长。

在评价体系方面，班主任应该构建人性化的自我评价体系。自我评价既能使学生得到反馈信息，又能加深学生对自己行为的自我认识，是深化了的认识过程。中学生评价能力的发展规律是：从"他律"到"自律"，从效果到动机，从评人到评己，从片面到全面。随着社会的发展，学生生活在一个复杂多变的社会里。社会现象的复杂性、学生见识的局限性及学生评价能力的发展规律，都要求我们在班级管理中对不同的学生提出不同的要求，构建人性化的自我评价体系。

在班级活动方面，班主任应开展多种形式的人文教育活动。教育要以活动为载体，通过丰富多彩的活动促进学生的发展。围绕人文教育，除了学校开展的升旗仪式活动、讲座报告活动外，还要经常在班内开展一些主题班队活动，组织一些参观访问活动，同时也要注意从细微之处，以学生身边发生的事为题材大做文章，引导学生身体力行。

四、走向自主管理

培养学生自主管理的能力和自主、自律的意识，是素质教育所力求实现的一个目标。无疑，实现班级自主管理，把班级管理权交给学生是实现这一教育目标的有效形式。也可以说，实现班级自主管理是班级管理的一个重要的发展趋势。

班级管理活动是一种特殊的社会活动，是在"人—人"系统中通过班主任和学生的相互作用而进行的，"起点是人，归宿也是人"。传统的班级管理只重管理思想的灌输，学生很少有角色体验，管理局面要么是死气沉沉，要么是策略太活失去控制。研究表明，未来的班级管理策略成功与否，主要取决于班级中学生主体作用的发挥。只有充分发挥学生的智慧和潜能，才能启动其他管理要素的运作，班级管理才算抓住了根本。

一个优秀的班集体将在班主任的指导和帮助下，逐步使班级管理机构的作用得以充分发挥，学生初步学会民主管理，不断增强自我教育的能力，基本上能达到班主任在与不在一个样。作为班主任，应该引导学生进行自我管理，达到管理自动化。

班级自主管理过程一般分为计划、实施、检查、总结等四个阶段。计划阶段主要是向全体学生做思想动员，明确自主管理的目标。班主任应多方动员，激发学生自主管理的乐趣，让他们感到自己是管理的主人，从而增强管理意识。实施阶段和检查阶段是自主管理班级的重要环节。班主任应针对学生特点和班级实际，引导学生依法有序管理班级，并在具体实施中定期进行检查、评比，引导提高。总结是班主任根据学生自主管理的实际，及时总结效果，并通过全班决策，民主表决确定自主管理班级的新目标和要求。

自主管理班级过程是从"他律"到"自律"的转变。自律形式多样，一般有让学生自我决策、自我监督、自我约束等，即在班级管理过程中重大事情、重大事件由班主任引导学生集体作决策，寻找解决方案，并在运行中形成一整套自我监督和自我约束的自动化操作系统。

第五章 班干部的选择与培养

有人将班主任、班干部和同学比喻为伞柄、伞骨和伞布，说再好的伞柄若没有伞骨的支撑，也撑不起一片天空；也有人说班干部是班主任的左膀右臂，是班集体的火车头。在一些同学眼里，班干部则代表着支使同学的特权、避之不及的责任、升学的砝码。

第一节 中学班干部与班级组织

班干部是班集体的骨干力量，在班集体中他们是组织者、服务者、领导者和实施者。班主任每天面对的是几十个学生，如果没有班干部的配合，很难做好班级的管理工作。因此，充分发挥班干部在班级自管自治中的中坚力量的作用，对班集体建设非常重要。

一、班干部的角色定位

班干部是班级的核心力量，是班级共同奋斗目标的积极实践者，是全班同学的带动力量，是班主任的得力助手。班主任要引领班干部在班级中扮演正确的角色，充分发挥助手作用。

（一）班干部作为学习者

班干部是什么？一般都认为，班干部是老师的小帮手、学生的小领导。

于是选班干部就选成绩好的。每年选来选去，就那几张老面孔。一旦选出来，最大的任务就是管理和监督别的学生。一到高年级后，学生就渐渐对当干部失去了兴趣，一来是担心耽误学习时间，二来怕"管"得太多，影响同学关系。到最后，就陷入了僵局：个别学生当上了班干部但当得不乐意，而大部分学生，就从来没想过自己还能当班干部。事实上，班干部要摆正自己的位置，把自己看做和普通同学一样在同一个班级里学习、生活，不要有任何"特殊身份"的感觉。班主任要让班干部从"精英"到"平民"转变，因为班干部首先是学生，不是一种职业，而是学习岗位。他们在上岗前未经过专业训练，而是在实践中边学边干，在实践中增长知识和增长才干。

（二）班干部作为服务者

班干部作为服务者，意味着班干部应树立服务的思想并具有服务的行动。只有树立了"服务者"的思想，班干部才会有工作的责任心，才会有工作热情，才能真正发挥火车头的作用。班主任在选择和培养班干部过程中，要教育班干部淡化"官"意识，增强班干部的服务意识和奉献意识，想同学们所想、急同学们所急，及时发现和解决同学中生活、学习和思想上的问题，在各项活动中积极为同学们服务。班干部要意识到做班干部并不是"高高在上"的、可以对其他同学颐指气使地"管"人的"官"，而是班级的服务者。班干部手中的权力是集体赋予的，受集体的委托，对集体的荣誉和利益负责。班干部要为同学学习服务，为科任老师教学服务，为班主任班级管理服务。

（三）班干部作为沟通者

班干部对班级同学的了解有时候比班主任更全面、更深刻。班干部通过建立起准确、畅通的信息沟通渠道，把学校与班主任的工作意图落实到班级工作，做到同学心里，又把班级同学的意见、愿望、想法及时向学校有关部门或班主任进行信息反馈，密切师生关系，有助于班主任教学、管理等各方面工作的顺利开展。班主任可以不定期召开班委会、团队干部会，交流班级状况，特别是某些不良现象；遇到问题，可以先让班干部去了解情况，以便掌握更全面、更准确的信息；通过科代表、小组长可以了解学生的学习情况。在班级管理中，及时发现、教育和培养好班干部，是管好班级重要的一步。

班主任与班干部保持良好的、经常性的沟通，是班级管理的重要举措。

（四）班干部作为管理者

班干部虽说是学生，是服务者，但是很重要的一点就是班干部是班主任的得力助手，是班级制度规则的积极实践者、班级活动的组织者。因此，班干部具有负责组织管理的作用，既要遵从班主任的指导，又要有自己的工作思路和工作方法，组织同学执行既定的管理制度，以及开展各种有意义的文体活动。班主任不要让班干部在工作中滋生特权思想，认为自己是班干部，高人一等，其他同学就得受自己管，必须绝对服从。如果有了这种思想，班干部就不可能真正做到为同学服务，不可能成为同学的服务员，工作中的责任心、积极性就会大打折扣。所以，班主任一定要及时做好班干部的思想工作，使他们明白班干部与同学是平等的，班干部是同学的服务员，要放下"特权"，承担"责任"，摆正自己的位置。

二、班干部应具备的素质

"作为一名学生干部，欲实现其对班级的有效领导，首先要具备完好的基本素质和一定的组织、工作能力，否则，就不可能在建设良好班风中发挥作用。"因此，担任班级干部的学生必须具备多方面的优良素质和能力。班主任要不断增强班干部的领导才能，提高其能力素质。

（一）责任心

责任心指的是一个人自觉承担与其社会角色相对应的任务的态度与行为，它作为个体人格、社会性品质的重要组成部分，备受学校和家庭教育的重视。学生守则里也明确指出，中学生应该"诚实守信"，"有责任心"。现代教育理论告诉我们，要组织一个成功的班级，班主任就要选择一些品学兼优、责任心强、身体健康、乐意为同学服务的学生担任班干部。班干部的责任心包括以下六个方面：①对自己的责任，主要指对自己作业、健康、荣誉等的责任；②对他人的责任，主要指对同学、对朋友、对父母的责任；③对集体的责任，主要指对班级、对学校、对自己家庭的责任；④对任务的责任，主要指对自己应该承担的任务如值日工作、班干部工作的责任等；⑤对承诺的责任，主要指对自己已经答应的事情、已经作了承诺的事情的责任等；⑥对过错的责任，主要指对因自己失误而导致的错误所应负的责任。

（二）学习力

所谓学习力是指学习动力、学习毅力、学习能力三要素的总和。学习力是生存力、竞争力、创造力的基础。就班级组织建设而言，打造学习型班级，强化班干部的学习力特别重要。学习型班级是由个人学习、团队学习两个层次构成的学习系统，其中团队是班级的基石，团队学习比个人学习更为重要。如果团队中的每一个成员，都能把他自己掌握的新知识、新思想拿出来在团队中分享，释放集体智慧，使 1 + 1 > 2，团队的学习力就会大于个人学习力，团队智商就会大于成员智商。团队学习既是团队成员互相沟通和交流思想的过程，也是团队成员寻求共识和统一行动的过程，从而也是产生团队的"创造性张力"的过程。班干部的学习力是学习型班级构建的基础。

（三）心理力

良好的心理素质是班干部的又一重要因素。它包括广泛的兴趣、丰富的情感和坚定的意志等方面。一个学生如果兴趣狭窄，情感贫乏，意志薄弱，性格孤僻，缺乏主动精神和自主能力，人际关系不协调，是很难成为一名合格的班干部的。班主任必须要求班干部自立、自信、自尊、自强，具有健全人格，包括：① 对世界抱开放态度，乐于工作和学习，不断吸取新经验；② 以正面的眼光看待他人，有良好的人际关系和团队精神；③ 以正面的眼光看待自己，能做到自尊、自知和自我悦纳；④ 以正面的眼光看待过去、现在和未来，追求现实高尚的生活目标；⑤ 以正面的眼光看待挫折，能调控自我情绪，心境良好。

（四）领导力

班干部的领导力，是指班干部能够激发班级成员的热情，并且带领他们全力以赴去完成班级目标的能力。一般认为，获得领导力的方式有：① 法定性的领导职位。② 强制性的力量。③ 奖赏。④ 专家性的意见。⑤ 鼓舞人心的口才。⑥ 令人信赖的人格。"领导力"是作为一个班干部的先决条件。班干部的领导力表现为多种方式，比如跟同学的关系、在同学中的威信、以身作则等。在一定程度上，班干部领导能力的大小直接关系到班级管理工作的效率与效果，从而影响到班级管理有效性的实现。因此，班主任要重视班干部的领导能力。

（五）沟通力

沟通力是指人与人之间完成沟通过程、达到沟通目的的能力。沟通力的核心要素是态度、思维方式和表达力。作为良好的沟通者，班干部必须明确以下几点：

①必须知道自己要说什么。②必须知道什么时候说。③必须知道什么情境说。④必须知道在对谁说。⑤必须知道怎样说。班干部要具有良好的沟通力，善于同各种类型的同学交朋友，学会与各种群体和组织打交道。

只有这样，班干部才能和同学以及其他组织和群体建立密切的关系。与此同时，班干部丰富的情感是联络和沟通同学之间关系的有效途径，它可以增强班干部作为领导者的感染力和凝聚力，得到同学的信任和敬佩。班干部还要会与班主任、任课教师沟通与协调。

三、班干部在班级组织中的作用

"班主任只有充分发挥班干部的作用才能管理好班级，班主任、班干部及学生三者之间的关系如同伞柄、伞骨和伞布，一个再好的伞柄如果没有伞骨的支撑无论如何也撑不起一片天空的。"作为班干部，至少应发挥以下几方面的作用，才能自主地管理好班级；否则，班干部的作用将大打折扣，甚至会适得其反。

（一）榜样作用

孔子云：其身正，不令而行；其身不正，虽令不从。俗话也说，喊破嗓子，不如做出样子。班干部与同学朝夕相处，一言一行均为其他同学所关注，因此，班干部只有从自身做起，从一言一行做起，做好榜样，才能真正起到班干部的作用。班干部的榜样作用主要体现在思想上、学习上、生活上和行为习惯上。例如有的班主任为了使班干部发挥应有的榜样作用，便采取措施，明确班干部职责，规定值日班长整日负责制。主要内容包括：① 提前到校，检查自行车、包干区、教室、走廊、玻璃等值日范围是否合格；② 安排到校学生早读，制止补家庭作业、抄袭家庭作业现象，以及闲聊、不早读现象；③ 课间，巡视走廊，不准追逐打闹；④ 发现新的不良现象，要及时制止；⑤ 每节课后，须让任课老师签上意见和建议，并签名打分；⑥ 完成班级日记（班级日志）；⑦ 主动积极地为班级的和谐发展提出合理的意见或建议；⑧ 发挥模范带头作用，以身作则。

（二）组织作用

班干部是班级学生组织各项工作的领导者和组织者。他们在班主任的领导下，以身体好、学习好、工作好为目标，以学习为中心，以提高学生综合素质为重点，根据学校有关工作要求和本班学生特点制订工作计划，生动活泼地开展思想性、教育性、知识性较强的活动，带领学生"争先创优"，全面提高思想政治素质、智能素质、专业文化素质、身体素质和心理素质。班干部要积极协助班主任或独立组织开展各项活动，要积极参与班主任或学校组织的各项活动，如主题班会、运动会、大扫除、征文、演讲、教室常规评比、板报评比等。实践出真知，活动长才干。班干部的组织作用、领导才能只有在不断的活动中才能得到培养、提高和发挥。新时期的班主任既不是便衣警察，也不是护士、保姆，要大胆放手放权，为充分发挥班干部的骨干作用、领导才能创造广阔的空间。

（三）桥梁作用

班干部的桥梁纽带作用是指班干部通过一定的途径，把学校的有关决定、要求和信息及班主任的指示和要求传递给同学们，同时，又将同学中的问题、意见和建议向学校和班主任反馈。由于班干部来自学生，他们最了解班级成员的想法和要求，班干部把这些情况及时、准确地反映给班主任，有利于班主任了解情况，开展工作。班干部桥梁作用的发挥主要包括：① 班干部应是班主任与同学之间的桥梁；② 班干部应是同学与同学之间的桥梁；③ 班干部还应该是班主任与任课教师之间的桥梁。作为班级的领导核心，联系老师与同学的桥梁，班干部素质的高低直接影响着整个班级的兴衰，班干部对同学对班级的影响是班主任不可替代的。

（四）检查监督作用

一般来说，班主任都能将班级常规管理的各项工作进行细化量化，责任到人,做到"事事有人做,时时有人做"。但如果没有一个检查监督机制作保障,形成一个管理上的封闭回炉,那很可能导致漏洞百出,因此还必须做到"事事时时有人查"。检查监督一方面要全员参与,另一方面又要培养骨干力量。在班级管理过程中,要充分发挥班干部在检查监督过程中的骨干作用。进行检查监督,同样要做到分工明确,做到"三定":定事定时定人。如学习委员定时检查学习,体育委员定时检查体育锻炼,劳动委员定时检查卫生,生活委员定时检查内务,安全保卫员定时检查安全,班长、团支部书记则定时检查各位委员的工作落实情况。班干部在检查监督时,要做到民主平等、客观公正、有理有节,要做好详细的记载,以便有案可稽。同时要认真总结,扬长去短,使班级管理的各项工作日臻完善。

（五）宣传作用

一个班级要提高其知名度,扩张其影响力,当然也离不开宣传。班干部则是宣传队伍中的主力军。班干部要通过多种渠道、多种途径适时地宣传班级里的优秀人物、先进事迹,宣传师生真情、同学友谊,宣传教师的爱岗敬业、同学的勤奋好学。宣传的范围有时也不必局限于本班级,还可作跨班级、跨年级、跨校际的宣传。宣传的笔触可以伸向社会,伸向世界。当然,宣传要实事求是,不可夸大其词,更不可弄虚作假、沽名钓誉。

第二节　中学班干部的选用

一个好的班集体,必须有一批团结在班主任周围的积极分子,并由他们担任班干部,形成一个团结、有工作能力、让人信服的班委会。班干部的选用方式主要有任命制、选举制、竞选制、轮换制等。

一、班干部任命制

班干部任命制即由班主任推荐和任命班干部。中学一年级、初中一年级和高中一年级这些新班,许多班主任老师会任命学生担任班干部。另外,还有个别班主任对老班也是每学期由自己一手任命班干部。

班干部任命制的前提是班主任对于学生的充分了解。任命班干部的标准主要是学习成绩好、工作热情高，能以身作则，同时能团结同学。班主任接班开始就调查、观察学生，通过各种渠道了解每位学生。比如，从同一个地方、学校考上来的同学处加以了解，通过查阅学生档案、学生品行评语等有关资料。同时每当接手一个新班级，让学生填写好调查表，从中了解学生兴趣、爱好、以前担任何职、现乐意承担何职班干部等。另外，班主任还通过班级活动进行观察，注意每位学生的完成情况、为人处世、言行举止、情感变化等，同时观察学生组织能力、表现自己的能力。班主任还可以通过与学生谈话，了解他们的过去和现在的所想。通过以上活动，班主任可了解到学生的基本情况。

班干部任命制是一种比较普遍推广的传统形式，这种选拔方式的优点是：班主任的意图得到充分体现，有利于树立班主任在班集体中的权威，有利于班集体活动计划的落实。这种形式在班级刚刚组建时比较多见，任命班干部能在一定程度上体现班主任的意图。

在班主任的长期实践中，班干部任命制也存在一定的缺点，主要表现为：① 容易造成干部"终身制"；② 班主任指挥意识过强，班干部容易产生"凝固化"，导致自我管理机构工作能力低下；③ 容易形成班干部与学生之间的情感隔阂；④ 班主任如把选拔班干部与私人关系挂钩的话，那么"班干部任命制"就完全被扭曲了。

为了使班干部任命制充分有效，班主任必须建立客观有效的选择标准、考察模式和培养制度，同时建立干部轮换机制。如果是这样做，班干部任命制仍不失为一种不错的选拔形式。

二、班干部选举制

班干部选举制一般是建立在班级工作已经走上正轨，学生之间有了一定了解的基础之上，由学生推举班级品学兼优、有能力的学生作为班干部。这种方式产生的班干部众望所归，往往具有较高的威信，与大多数学生的关系比较融洽。

班干部选举制的基本步骤是：① 班主任让学生谈谈对班干部选举的想法和愿望，形成一定的舆论氛围，为选举暖身。② 班主任组织学生自由介绍其所了解的某同学的优点和推荐某同学参选。③ 班主任在整合较集中的意见后，推出参选的候选人名单。④ 由学生主持选举，实行差额选举，提供选举的职位可多可少，一般是班长、副班长、学习委员、生活委员、文体委员、卫生委员，以得票占多数为当选条件。⑤ 在完成写票、投票、唱票、监票等工作后，由当选的干部即兴发言。⑥ 班主任宣布新一届班委会正式组成。班干部选举制的优点在于能够把班级有一定管理能力、学习优秀、有群众基础的学生推选出来，组成一个强有力的班委会，由此班级工作能够较快走上轨道。

三、班干部竞选制

顾名思义，竞选制是一种公平、信服度极高的班级干部产生方式。学生为自己信服或崇拜的人投上一票。通过竞选所产生的班级干部因其受到同学们的拥护，有利于今后各项班级工作的开展，也比较受家长和学生们的认同。

竞争式民主选举的一般步骤是：（1）由班主任公布班干部候选人的基本资格、条件和竞选的具体要求与安排，参与竞争的门槛不应定得过高，否则就失去让更多的学生参与竞选的机会，"竞争式"的价值就难于体现出来。（2）由学生根据自身条件，对照要求确定所要竞选的职位，拟定好讲演稿，内容是介绍自己"施政设想"即治班措施和方案。（3）召开班级大会，参加竞选的学生一一登台演讲，演讲时间一般控制在 3 分钟以内。（4）推选 3 人组成班干部选举监督小组，负责点票、唱票、记票、监票、宣布结果等工作。（5）投票前班主任应特别强调两点：第一，投票选举是同学们自己的神圣民主权利，应慎重行使。第二，应把班级的利益作为出发点，坚持班干部的标准。（6）最后由全班学生无记名投票选举产生新一届班委，以得票占多数为当选条件。（7）由监督小组当场宣布结果，当选的班长应当场向全班同学宣布"施政纲领"。（8）由班主任发言，充分肯定学生平等竞争、民主选举的方式，点评当选班干部的优点，希望同学们尊敬自己选出的干部并支持他们的工作，同时鼓励当选班干部不辜负同学的期望，努力工作。最后明确分工，各负其责。

通过竞选班干部，一个肯负责任的、有勇有谋的班干部群体接管班级，使班级的日常事务能够正常运转，而这个班干部群体能够为全体同学所接受远比为班主任所接受更加重要。

班干部竞选制也可能存在的误区是来自班主任事先打招呼，学生中的"非正式组织"对投票人的控制，还有个别学生的贿选等，这些都会造成竞选的不公平。

四、班干部轮换制

班干部轮换制是根据一定的规则，班干部轮流担任，一般与民主选举或自由竞争等形式结合起来选出班干部，以后定期改选，原班干部必须全部或大部分更换。这种形式的优点在于每个学生都有得到锻炼提高的机会，他们会在自己的任期中发挥各自的聪明才智。

班干部轮换可以采取以下几种模式：全体干部定期轮换，即班长和班委会全部定期轮换，每次轮换的班干部都是全新的；部分班干部轮换，即班级固定 2～3 名基本骨干，其余班干部定期轮换；值日班长考察制，即改变原来的值日班长制度，由轮换的班委成员担任每天的值日班长，通过值日班长工作锻炼学生的组织管理能力。在每一轮新干部上任时班主任也可以作相应的具体的指导。当然，各班集体也可以根据自己班级的实际情况制订出更适合的轮换模式或几种模式并用。

实施班干部轮换制，每个学生在其任职期间都能把自己最大的力量献给集体。在工作中，学生们锻炼了自己，教育了自己，提高了自我管理和班级管理的水平，使得班集体在每一阶段的工作中，都显得生机勃勃。学生在进步，班集体也在进步。其优点突出表现在以下方面：① 班干部轮换制有助于增强学生的集体荣誉感和主人翁责任感，使班级能形成相互支持、齐心协力的良好风气。② 班干部轮换制还有利于学生独立人格的完善和管理能力的增强，使班级成为一个和睦融洽、生机勃勃的集体。③ 班干部轮换制能培养学生良好的竞争意识。

同时，班主任要注意在实行班干部轮换制的过程中避免出现一些问题。比如"轮换制"的绝对平均主义，干好干坏一个样，学生视当班干部为儿戏：事前不需努力，早晚都能当上班干部；事中不需要付出，"做一天和尚撞一天钟"；事后不需要反思，自己没当班干部了，都是轮的错。这样轮换班干部便会让学生麻痹。

第三节　中学班干部的培养

对班主任来说，选好班干部、组织班委会是非常重要的工作，更主要的是如何培养干部，提高他们的工作能力。因此，班主任对班干部不能只是使用，还应该进行教育和培养。

一、班干部的思想教育

班干部的培养关键是思想观念的培养。班主任要在思想上使之明确班干部的重要性，要让他们意识到班级好坏同自身工作的关系以及带领全班同学共同进步的重要意义，要让他们明确共同的思想准则，即班兴我荣、班衰我耻。班主任要引导班干部团结协作、心胸宽广、办事干练、遇事及时处理，如处理不下应及时向班主任汇报，处理同学间的矛盾要遵守"化干戈为玉帛"的原则。班主任要培养班干部树立四种意识：① 平等意识，即要让班干部摆正自己和同学的关系，使他们意识到自己是班级一员，大家都处于平等的地位；② 自律意识，这就要求班干部以身作则、身先士卒，处处以更高的标准要求自己；③ 职责意识，即要让班干部明确自己的职责；④ 竞争意识，即培养班干部树立竞争意识，在管理班级事务的过程中不断创新，大胆工作，充分发挥主动性和积极性。

二、班干部的岗位培养

班干部的主要职责就是协助班主任督促学生规范日常行为，及时发现问题，马上处理、教育。因此，班干部的岗位必须是针对班级的工作需要设定的，这样才不会形同虚设，才能真正为班级服务。班干部在集体中都有满意的角色，班主任要让他们感到自己是集体中不可缺少的成员，让他们在履行职责中增强责任感和义务感，促使其尽快成长。要结合班内实际，分别建立岗位职责。通过培养，使他们充分认识班干部工作的重要，增强责任感，不断提高他们的组织能力和工作水平。定期召开班干部会议，听取他们的汇报，征求工作意见，然后，再给他们布置任务，指点路子，使之工作有方向，积极性得到充分发挥。

三、班干部的方法指导

好的班集体里一定有一群好的班干部，好的班干部背后也一定有一位善于指导和引领的班主任。在班干部培养过程中，班主任一定要给予必要的方法指导和信心鼓励，扮演好"交警"的角色。班主任的方法指导主要在以下几个方面：① 学会全局考虑问题的方法；② 上台布置工作、总结工作的方法；③ 善于表扬、批评的方法；④ 处理好班级里同学人际关系的方法；⑤ 掌握团结协作，共同处理难点、热点问题，维护班集体利益的方法。例如，如何组织读书汇报会才能受大家的欢迎，如何登记缴交作业、登记测验考试的成绩，如何向班主任反映某科上课、考试成绩情况，怎样打电话向家长反映一些同学的成绩、表现，如何安排值日生，如何调配人手等等，班主任都必须具体仔细地传授方法，启发诱导，真正提高班干部工作能力。

班干部工作指导

1. 责任落实，保证事事有人做，力求人人有事做。

2. 让尽量多的同学参与集体事务，增强集体归属感。

3. 班干部既要带头干，又要做好监督。班干部与同学相互监督，渠道是教室后面宣传栏。

4. 活动之后相关干部及时总结，表扬先进，激励同学。

5. 做事方式力求民主，意见不能统一时少数服从多数，尽量不强迫。

6. 认真组织参加学校及年级各次活动，增强集体凝聚力，争取最好成绩，不要让同学们对班委会失望。

7. 开辟师生、同学与班干部、同学之间的交流渠道，亦即教室后面宣传栏。

8. 加强班级文化建设，创出班级特色。

9. 加强文化学习，提高成绩，不要落在下游。

10 及时落实学校、老师布置的任务，遇到困难及时与老师沟通。

四、班干部的个别谈心

个别谈心是对班干部进行个别教育的有效形式，既可以加深相互了解，又能够有针对性地帮助班干部提高认识，使其发扬优点，克服缺点。谈话时，要以说服、疏导为主，用事实说明道理，做到循循善诱，逐步提高他们的工作能力。班主任与班干部个别谈心可以解除班干部心中的顾虑。班干部总会担心工作做不好，有负重托；害怕得罪同学，吃力不讨好；害怕分心费时，影响学习。因此，班主任一要帮助班干部学会管理方法，学会共处和交往的技巧；二要教育学生学会理解、体谅和合作，做到班里的事大家办，让班干部有更多的时间、愉悦的心情投入到学习中去；三要帮助班干部通过改进学习方法、提高学习效率来取得优异成绩。解开这些结子，班干部就能放下包袱，轻松愉快地开展班级管理工作。

五、班干部的评价艺术

班主任对班干部开展的工作要及时地给以评价，主要以表扬为主。班主任把各项具体工作交给班干部后，还要定期或不定期地对各项工作情况进行检查评比。没有检查，没有监督，就没有促进；没有检查，就不能及时发现问题、解决问题；没有检查，班干部就会有所松懈。班主任还可以定期让学生对班干部进行评议、投信任票，既使班干部随时感到同学的鼓励与监督，又以此引导学生公正无私地评价班干部。班主任对于能独立地、创造性地开展工作并取得一定成绩的班干部要给予肯定；对于虽受挫折、甚至遭受失败却能积极工作的班干部要给予鼓励，并主动承担责任，不断帮助他们总结成功的经验和失败的教训；对于任务完成不好的班干部私底下谈，给以指导。

班干部激励艺术

① 信任式激励。对班干部表现出充分的信任情感，激起他们的工作热情。

② 表扬式激励。表扬是情感激励的手段，由表扬产生动力是它的目的。

③ 愉悦式激励。使班干部感到为同学们服务的欢悦，使之对所负责任乐意承担。

④ 信心式激励。引导班干部树立信心，锻炼他们的独立工作能力。

⑤ 放权式激励。让班干部充分行使个人所担角色的权力，班主任只作检查，协调指导，增强他们半独立工作的能力。

⑥ 竞争式激励。鼓励争做优秀小干部。

⑦ 物质和精神激励。期末评价须发奖状等，让其余的班干部都向获奖干部学习尽职尽责的精神。

第六章　班级活动的设计与组织

教育以儿童的活动为基础，以儿童的自动为评价标准，使教育与生活、知与行、能力与意志品质的发展协调统一。

——福禄培尔

第一节　班级活动概述

班级的组织管理，是通过各种活动实现的，组织开展相关活动构成了班主任工作的重要内容。

一、班级活动的内涵与特点

班级活动是在班主任引导下，为了实现教育目标，促进班级建设，有目的、有计划地举行的各种活动。为了充分体现班级活动在促进学生素质全面发展中的作用，班主任必须牢牢把握住班级活动的以下三个特点。

（一）综合性

知识可以从书本中采撷和学到，技能可以在训练中熟悉和掌握，而相互的团结与协作则是一个过程、一种状态，是在不断学习、感受、探索和熏陶的过程中流淌在心底的一股清泉。无论班级活动的形式、内容如何变化，它们的目的是一致的，即为了加强班集体建设，促进学生德、智、体、美、劳全面发展，培养他们的创造精神和独立工作能力，使他们成为社会有用人才。由此也可见，任何一个班级活动对学生素质的培养都是综合性的。

（二）全体性

班级活动的全体性主要体现在以下方面：第一，班级活动的目标面向全体学生；第二，班级活动的组织面向全体学生；第三，班级活动的评价面向全体学生。班级活动的目标、组织、评价上的这一特点也就决定了班级活动对学生素质的培养要面向全体。全体成员共同参与了，发展了，班级活动才可谓成功。因此，在实际操作中，我们要避免犯"只见树木，不见森林"的错误。

（三）阶段性

人的成长是一个持续不断的发展过程，在总的发展过程中，不同年龄阶段表现出不同的特征。年轻一代身心发展的阶段性势必要求我们必须对不同年龄阶段的学生制订不同的教育目标，组织不同的教育内容和采取不同的教育教学方法。再者，素质教育是一个纵向的系统工程。中学生素质培养的过程显现出渐进的、连续的状态。实施素质教育必须要有整体观念，防止把不同阶段、不同学年段割裂开来。这就要求班级活动在内容安排上要前后衔接，浑然一体，既有连续性，又有阶段性。

二、班级活动的类型

班级活动因其分类标准的不同，就有了不同的班级活动类型之分。以下主要表述的是班主任经常组织的班级活动。

（一）班级例会

班级例会，是班级组织实行民主管理的例行班会，是属于班级的常规活动，主要有一般性班会和晨会两种。

1. 一般性班会。这是最经常的一种班级活动，主要围绕班级运行中的常规问题而展开，如学期初举行的班务工作计划，每月或期中进行的班级建设评价，或讨论班级中大家关心的问题。

2. 晨会。在每天早晨上课前进行的活动，主要安排当日活动，如值日生讲评，简短的表扬或批评，通报重要信息等。形式不限，可以是班主任主讲，也可以是值日生汇报，或三分钟演讲等。

（二）主题班会

主题班会是班会的另一种形式，主要是根据班级学生的年龄特点和成长中的实际问题，拟订一个大家兴趣的主题，经过充分的准备而实施。与一般性班会相比，它具有较强的针对性。在内容上可以是独立的主题，也可以是系列的主题。例如，围绕着"口香糖的污染"这个问题，分别以"现场实验""实验反馈""口香糖污染信息大搜索""征集处理口香糖残渣绝招"以及"广场实践"等主题，形成系列的主题班会。就形式而言，可以采用主题报告会、主题汇报会、主题讨论会、科技成果展评会、主题竞赛、主题晚会等。由于主题班会需要比较多的准备时间，不宜经常举行，一般每个学期举行一到两次即可。

（三）文体活动

文体活动主要以丰富学生的课余生活、活跃班级气氛、增进心理交融、增强班级的凝聚力为目的。主要形式有：诗歌朗诵会、音乐晚会、故事会、文娱晚会、理想晚会、庆祝节日的联欢会，还有体育竞赛、各种文体兴趣小组活动等。一般而言，活动前要有策划，节目应事先排练。班主任和任课教师要争取有自己的节目，教师的积极参与，有利于营造良好的气氛。

（四）学习活动

这里所说的学习活动，主要是指为了调动学生学习的积极性，扩大学生的知识视野，以班级全体成员为对象而开展的活动。

1. 作业展览。在班级一角设置作业展示栏，可以张贴学生得意的作业，也可以是教师推荐的作业，面向所有学科，请学生作评判，重在对学习成果进行交流，认真学习别人的长处，提高学习效果。

2. 学习经验交流会。可以邀请本班、其他班级或其他学校学习优秀的同学来讲述其学习心得，也可以请学习进步比较大的同学交流取得学习进步的经验。

3. 学习方法指导。一般采用讲座的形式，请任课教师或者同学就某一科的学习方法作具体介绍，也可以从综合的角度说明有效学习方法的一般步骤。

4. 知识竞赛、智力竞赛。主要结合学生的学习和发展特点来开展，出题、组织竞赛、裁判可以完全由学生来负责，教师做好指导工作即可。

5. 课外阅读活动。由任课教师或班主任推荐阅读书目，成立班级图书园地，可以定期或不定期举行读书交流会。

（五）科技活动

科技活动的开展主要是为了丰富和开阔学生的视野，满足学生的求知欲和多方面的兴趣爱好。

1. 科技参观。组织学生参观当地的自然博物馆、科技馆，看科普电影等。

2. 科技班会。科技班会是主题班会的内容之一。与任课教师或科技辅导员配合，以科技实践或介绍科技新成就为主，如生态、地质、环保、计算机等方面内容。

3. 科技兴趣小组。可以选择组织电子玩具制作、航空模型、教具制作、天文、地理、数学、物理、化学、生物、计算机等小组。

（六）社会实践活动

社会实践活动是学生接触社会，观察了解社会，增长知识，增长才干的有效途径。班主任应有计划、适当地组织学生走出校门，走上社会，培养社会责任感和义务感。

1. 参观访问。参观访问工厂、农村、部队、重点建设工程、英模事迹展览、著名文物古迹、纪念馆、博物馆等。

2. 社会调查。这种活动比较适合于高中学生，主要针对学生在思想认识上的问题，选定调查课题。调查之前要做充分准备，制订调查计划，列出调查提纲，对调查所得的数据和资料进行认真的统计、分析，并要求学生写出调查报告。

3. 社区服务。社区服务主要与学校所在的社区联系，提供适合学生服务的项目。

（七）劳动活动

树立劳动的观念，培养劳动的习惯，是开展劳动活动的重要目的。

1. 自我服务性劳动。一是家务劳动，要求学生在家中自己的事情自己做，学会并承担收拾房间、洗衣、洗刷餐具、做饭等。二是学校内的自我服务性劳动，如班上值日、饭厅值日、宿舍值日以及建校劳动等。

2. 社会公益劳动。班主任根据学生年龄特点和社会需要，组织宣传遵守交通秩序，节假日帮助社区整理环境、打扫卫生，帮助军烈属、孤寡老人、病残人打扫卫生，以及种花、植树、除虫等活动。

3. 组织服务性劳动小组。如学雷锋小组、理发组、木工维修组、自行车修理组、修鞋组等。

至于学校根据有关规定安排的劳动技术课、生产劳动和社会实践活动，班主任要坚持组织学生积极参加，并达到规定的要求。班级活动的形式灵活多样，重要的是班主任要充分发挥自己和学生的创造性，使班级活动丰富多彩。

三、班级活动的意义

班级活动作为学校教育活动的重要组成部分，涉及学生学习和生活的各个方面，对于学生的发展、班集体的建设具有重要的意义。

（一）班级活动有助于锻炼学生的实践能力

亲历活动是锻炼学生实践能力的很好途径。在丰富的班级活动中，从班级活动的策划、准备到活动的实施，学生不仅要看、要听、要想，而且要说、要写、要做。学生通过各种感官去感受事物，接触各种人与事，学会表达、合作与交流，从中获得知识，开阔视野，增强思考能力。社会调查、劳动、参观、访问、文艺、体育、科技等活动还要求学生身体力行，得到锻炼和学习的机会，提高实践能力。

（二）班级活动有助于发展学生的个性

班级活动相对自由的活动内容和方式，给了学生充分地展现个人兴趣爱好的机会和空间，以及表现自己个性和反复强化个性发展的可能性。学生的个性品质、兴趣和才能在活动中能得到充分的表现，也在活动中得到巩固、调整和发展，使学生更好地了解自己。经验表明，性格偏内向的学生，会因多次在活动中获得满意的角色而积极参与，其智慧和特长得到发挥，变得活泼、开朗，喜与别人交往；而热情欠踏实的学生，在团体活动中会因多次承担较复杂任务，锻炼得比较冷静、实在。

（三）班级活动有助于培养学生的表达、组织、合作等社会交往能力

班级活动中的主题班会、社会调查等，都要求学生直接参与。在策划和具体的实施中，既要收集材料，写心得体会，又要与不同的人员打交道，客观上扩大了学生的交往面，提高了学生的交往频率。为此，学生就必须了解自己所组织活动的性质、目标，参与活动者各自的能力及其他特点，合理配置资源，建构活动所必需的分工合作关系。在建构这种关系的过程中，学生们必然要涉及角色分配、相互协调、尊重他人和学习利用他人经验等问题。

经历是最好的老师，能让学生积累丰富的经验，学会有效地组织活动、充分地表达，增强与人合作、宽容和礼让等社会交往能力。同时，在活动的交往与合作中，互相理解，形成向心力，促进班级成员的合作意识和团队协作能力的发展。

（四）拓展学生的知识面，形成一定的社会责任感

无论是科学知识、文学艺术还是生活技能，都可以作为班级活动的内容。班级活动内容的开放性，使学生能够超越教学计划和课程要求，把最新的科学发现、社会热点问题纳入学生的视野，以开拓思路，扩展知识面，创造更多的契机参与社会实践。学生通过自己的实践活动，感受生活的丰富多彩，感受知识、技能的价值与意义。例如，一些学校组织的关于某些社会问题的辩论会，可以使学生关心社会，学会分析问题和形成自己的看法；对土地沙化问题的关心，能使学生积极参与植树活动和环境小组活动。

第二节　班级活动的设计原则

组织有效的班级活动是建设班级集体的重要渠道，也是衡量班级发展水平的一个重要尺度。基于班级是一个特殊的组织，在班级活动的设计与组织中，应遵循以下基本原则。

一、教育性原则

班级活动是一种有目的的行为，以促进学生的发展为根本目标，富有教

育性是班级活动的内在追求。因此，班级活动的设计要寓教育于活动中，寓学习于活动中，最大限度地发挥班级活动的教育作用，不能盲目地为活动而活动。同时，活动内容要健康，格调要高雅，防止庸俗、不健康的情调对学生产生不利影响。

班级活动的教育性原则，不仅要看组织活动的动机，更要看组织活动的效果，要把二者统一起来。盲目性是教育性的大敌，对班级活动的设计与组织，班主任既要考虑内容的教育性，又要考虑形式是学生所乐于接受的，而且应面向全体学生。教育性是班主任教育职责和教育能力的综合体现。

二、针对性原则

针对性原则，是指班级活动的设计与组织，一要针对学生的年龄特点和身心发展需要。同一内容的活动，在各个年龄阶段都可以进行，但具体的内容层次和方法应有所区别。二要针对班级里实际存在的问题。活动总是要有目的的，越是能针对班级里现实存在的问题开展活动，效果就越好。三要针对社会上对学生有影响的现象开展班级活动。对于社会上富有积极意义的"热点"现象，可以通过活动引入班级，促进班级的发展和每个成员的成长，像学雷锋、学保尔等；对于消极的或比较复杂的社会现象，则要通过活动，引导学生认清现象的实质，分清是非，自觉抵制消极影响，如"武侠热""追星热""消费热"等。一般而言，班级活动的针对性越强，收效越大。

三、主体性原则

班级活动的主体性原则，强调学生是班级活动的主体。无论是活动主题的确定和设计，还是活动的准备与实践，都应由学生自己组织和安排。班主任只是起指导作用，其领导艺术在于使班级这个整体运转起来，最大限度地调动全班同学的积极性，使全班同学处于兴奋状态，自主地投入到班级活动中去；让同学们普遍感到，这是我们自己的活动，我们要动脑筋，想办法，把活动搞好。

主体性原则要求在班级活动中消灭"死角"。每次活动，都应该有"预谋"，事先给活动中可能出现的"死角"安排合适的"角色"，让他们动起来。在活动中，悄悄改变他们的认识，使之潜移默化地接受影响，使班级活动达到理想的教育效果。

四、开放性原则

开放性原则主张班级活动的内容和实施都应具有开放性。具体而言，班级活动的内容应以学生的知识、经验和生活世界为背景，并随着学生生活的变化而变化；班级活动的实施可以向学校的各个年级开放，也可以与其他年级或班级联合组织开展，既增加班级之间的了解，也可以提高活动的质量；班级活动可以向家长开放，邀请家长观摩和热心参与，给活动提建议，密切班级、同学与家长的联系；班级活动还可以向社会开放，走出校园，面向社会生活而设计，让学生更多地接触和了解社会，让学生在社会中成长。封闭性的班级活动，则容易与学生的个性发展和社会实际需要产生冲突，缺乏应有的效应。

五、生成性原则

班级活动的生成性原则是由班级活动的过程取向所决定的。班主任在开展班级活动之前，都有着对班级活动的整体规划和缜密设计，这体现了班级活动的计划性的一面。但是，班级活动在开展的过程中，又有着生成性的本质。因为，每一个活动都是一个整体，而非完全根据预定的目标按部就班的过程。随着活动的不断开展，新的主题也不断形成，学生在这个过程中兴趣盎然，认识和体验不断加深，创造性的火花不断迸发，这是班级活动生成的集中表现。例如，一个以"亲情"为主题的班级活动，首先开始的是"感受亲情"，在活动的展开中，可以衍生出"回报亲情""我爱父母"等一系列内容。

六、创造性原则

要保持班级活动的高度吸引力，在设计和组织中就必须遵循创造性的原则。班级活动的创造性原则，一方面表现为活动内容的创造性，即具有新鲜、近距离和真实的特性。青少年活泼好动，求知、求新、求美、求乐，班级活动唯有丰富多彩、新颖出奇，才能满足他们的需要，适合他们的口味，有效激发同学积极参与的热情，使活动的开展富有实效，否则就会大大降低活动效果。另一方面，创造性还表现在班级活动形式的创新上。只要肯开动脑筋，即使同一个题目，也可以根据班级的不同，实际导演出内容各异、形式多样的活动来。再好的内容，没有学生喜欢的生动活泼的形式，也不会有高的效应。近几年来，班主任在实践中创造了许多富有创新的、反映时代特点的活动形式，如"系列教育活动""辩论式教育活动""测试性班（队）会活动""主导目标教育活动""非言语交往活动""热门话题""一分钟回答""欢快的课间十分钟"等。实践表明，这些形式是学生所欢迎的。

七、易操作原则

易操作原则强调班级活动的设计要具有很好的可行性。它对班级活动组织的具体要求是：

第一，注意活动的规模。一般而言，每天进行的班级日常活动，要求短、小、实。"短"，即时间短，一般三五分钟为宜；"小"，即解决小问题，或针对班里的情况一事一议，或对一种行为展开评价，或背诵一首古诗，或表扬一个同学；"实"，即解决问题要实际，一次集中解决一个问题，不要面面俱到，形式上也要保证实效，可以有全班、小组、同桌活动几种形式。主题班会一般是全体参加，准备工作比较费时、费力，所以，一般一个学期举行一二次即可。

第二，注意活动的频率。一学期里，班级的主题活动不能过多，也不能没有，主要根据班级建设的具体情况，以不影响学生的正常作息和课堂教学为宜。活动过多，学生花过多精力在活动上，必然影响学习。活动过少，学生容易枯燥、乏味，滋生的一些不健康思想也得不到有效的控制，班主任只能疲于应付偶发事件。

第三，活动准备充分。在举行主题班会这样的相对大型的活动时，应做好充分的准备工作，应预计可能发生的问题，以及预防的办法和应急措施，这样，操作起来才能有条不紊。

第三节　班级活动的组织步骤

良好的班级活动的组织是形成班集体凝聚力的重要条件。班级活动的类型多种多样，形式也各不相同。一般而言，班级活动的组织主要有以下几个步骤。

一、确定活动的主题

班级活动的主题，主要根据班级学生的年龄特点、发展要求、思想倾向和学校德育的总体安排而选择，这是组织好班级活动的第一步。例如，中学二年级学生需要了解天气变化，正确使用电器、煤气、热水等，遇到危险能自救和求救等。根据这一阶段学生的心理特点，可以设计"我和电脑交朋友""放飞你的爱""我的风采"等主题班会名称，采用童话的表演方式，让学生扮演"四季姑娘""电大哥""火二弟""热姐姐""红灯妹妹""黄灯哥哥"等角色，开展"小天使培训"等活动，达到活动预期目标。在确定班级的活动主题时，班主任应注意以下两个问题。

（一）班主任是班级活动的规划者

班主任作为班级活动的规划者，应对每项要组织的活动有"主心骨"，做到事先心中有数。尤其要关照这样几个方面：一是班级活动的主题是否与班集体奋斗目标、班集体建设计划相吻合，是否适合当前班集体建设的需要；二是观察班级学生的当下表现，看看是否有急需解决的热点问题；三是注意班级活动是否符合学校教育计划和教育活动安排，不要在时间安排和内容选择上产生冲突。

（二）发动学生讨论，征求意见

班主任可以采取个别交谈或开小型座谈会的方式，把自己的设想讲给学生听，允许学生提出独立的见解，认真收集、整理学生的反馈信息，作为确定活动主题的重要参考。有些活动，还可以征求科任教师、校领导以及部分家长的意见。如果没有根本分歧，就可以确定班级活动的主题。

二、制订活动计划

班级活动主题确定之后，要由班主任和班委会共同制订活动计划。具体步骤如下：

（一）明确教育目标

制订计划时，首先，班主任要明确班级所在年级的阶段教育目标；其次，班主任要了解班级学生的年龄特点和发展需求；最后，明确学校的工作计划和班级活动主题。

（二）设计实施步骤

班主任应开好班委会，主要就班级活动的具体内容和实施环节进行充分探讨。其中，涉及活动的方式、具体的步骤、人员分配、会场选择、环境布置、活动器材配置等各项事宜，考虑得越具体越好。

（三）拟订计划书

根据以上讨论的结果，形成初步的活动方案，拟订计划书。班级活动计划书一般主要包括：活动的内容和目的、活动的基本方式、活动的组织领导、活动的时间安排、活动的具体准备工作、活动的地点、活动的总结。

（四）征求意见

班主任或班委会应利用班级例会的时间，具体阐述计划书即拟订的初步活动方案，或把计划书展示在班级的公告栏中；有组建班级 QQ 群的，也可以挂在网上，广泛征求学生意见。应设置不同的学生意见反馈途径，可以直接告知班委会，或利用信箱的无记名的方式提供，目的是完善活动计划，增强同学的认同感和参与意识。

三、落实组织准备工作

班级活动的准备工作除一般的内容选择，落实活动步骤及人员安排，确定活动时间、地点，准备活动场地和活动器材之外，还应具体明确总负责人、宣传负责人、对外联系负责人、组织发言（或节目）负责人、布置会场负责人、活动主持人等。如果是一些实践活动，如小制作、体育竞赛、社会调查、外出露营等，还应该在活动前对学生进行有关知识、技能的辅导和培训，以利于班级活动的顺利开展。

一般来说，主题班会中的人员分工，主要由班委负责，班主任协调。在各项准备工作中，班主任尤其要注意主持人、发言同学的挑选、指导和会场的布置。选择善于控制班会气氛，能用语言调动其他学生参与活动的积极性的人作为主持人。主持人的串词要朴实自然，衔接紧密，紧扣主题。发言同学的准备稿要有启发性、感染力，以引导更多同学加入到活动过程中来。

在落实组织准备工作中，要特别注意处理好三个问题：一是针对班级存在问题开展的活动，要关注与"问题"有关的同学的活动"角色"，要选择适合的"角色"让他们承担，以突出活动主题，发挥教育作用。二是综艺式主题班会，在有限的空间、很短的时间内进行，总体设计、节目安排不要脱离现实，不要生搬硬套"综艺大观"那种大舞台、大场面的表现形式。如有的小品，场景频频变换，道具过多，甚至浓妆艳抹，反而弄巧成拙。三是要发动和安排全体同学积极参与到活动中来，不要有被遗忘的角落。四是充分试用活动中的设备，尽量避免出现设备失灵的现象。

四、布置会场

布置会场的基本原则是适合活动主题，创造良好的环境气氛，有助于班级活动的有效开展。具体如下：

会场的色彩。有的活动庄严、肃穆，会场就要整洁、质朴，色彩不要过分鲜艳；有的活动欢快、活泼，会场就要美丽、大方，色彩可以鲜艳些。

物体的摆放。黑板可以写上简洁、醒目的主题词，将教室课桌椅另行摆设，适当位置点缀几盆花木等，意在给人耳目一新的感觉。而灯光、桌椅摆放，必要的装饰物，都应从服务于活动主题进行设计。

音乐的播放。为了创造气氛，有时在会前、会中、结束时需放些音乐，主要强调与活动主题的和谐即可，否则会适得其反，破坏应有的气氛。

五、活动实施

这是班级活动的关键部分，直接决定着班级活动的成功与否。在班级活动的实施中，班主任除了严格按照计划的步骤予以实施外，应特别注意以下几个问题。

（一）全班同学的精神状态

活动实施前的一天至两天的时间，班上要创造一种准备积极投入活动的态势，准备工作在抓紧进行，舆论工具发出具有鼓动性和号召力的信息，班级骨干和每个成员都表现出积极的姿态。

（二）处理活动中的偶发事件

班级活动实施过程中，并非每一个环节都能完全按照班主任和班委会制订的计划步骤进行，常有始料不及的偶然事件发生。如学生一时不当的言行、外界因素的干扰、活动设备突然不好使、发言或表演的学生由于紧张而失态、突然有人不舒服等，都需要班主任头脑冷静，发挥教育机智，妥善处理，并因势利导，教育、锻炼学生，使活动顺利进行，实现预期的目标。

（三）主持人的精神状态和能力

班级活动实施，要求主持人全身心投入，精神振作。其情感、语言、动作，要足以感染和带动全班每一个同学。主持人在活动中就是带头人，是指挥者。除了熟练地准备好主持词之外，还需要应变能力，灵活、幽默地处理现场问题。一旦出现问题，班主任应注意观察，及时救场。

六、活动总结

班级活动结束后，班主任应组织全体同学对活动情况进行一次总结性的评价。可以从整体的角度，总结活动的经验，说说活动的感想和收获，谈谈活动组织中的不足，反思问题存在的原因。也可以从学生个体的角度，对其在活动中的表现进行评价。班主任应表扬活动中的好人好事，对有突出表现和进步较大的同学给予鼓励，有时还要调解活动中的矛盾。总结是班级活动的必要环节，也为更好地开展班级活动积累经验。必要时，班主任还应进行书面总结，可以有以下两种写法。

（一）班级活动全面总结

班级活动全面总结是对活动的准备和实施情况做比较详尽的陈述，主要由标题、正文、日期三个部分组成，最好使用点面结合的阐述方式。标题要写明班级名称、活动的时间、总结的类别，可以使用副标题，凸显班级活动主题；总结的正文要阐述所开展的活动，取得的成绩，存在的问题，经验和体会，今后的打算或建议；最后，在文末留下总结人姓名、总结时间。

（二）班级活动专题总结

班级活动专题总结不同于班级活动的一般性总结，是基于对所开展的班级活动的反思而生成的，主要以问题的方式，从探讨的角度，针对班级活动的某一点进行比较深入的总结。可以是班级活动中的个案，也可以是班级活动的难点、热点等问题。文体不限，内容不要求全面和细致，但要求有较强的针对性，是对问题形成后的相对抽象的思考。因此，要求班主任有较好的反思和生成问题的能力。

班级活动中的，四忌

一忌，拉郎配，坚持自主性原则。有的班主任不考虑学生的个性、爱好、兴趣，指令学生参加这个小组、那个活动，其结果往往事与愿违，学生的积极性、创造性难以发挥，学生的特长亦无用武之地。自主性原则，就是学生在自愿自由的基础上，做活动的主人，自己动手动脑，自己管理自己，自己教育自己，主观能动性与专长、潜能得到充分发挥。

二忌无的放矢，坚持方向性原则。有的班主任，一不考虑教育目的，二不考虑班级实际，三不考虑主客观条件，活动无目的、无计划。方向性原则，就是要求明确活动目标，根据需要与可能，制订出切实可行的活动计划并付诸实施。

三忌依葫芦画瓢，坚持创造性原则。有的班主任不善于动脑筋，将别人开展课外活动的方案照搬不误。这就使课外活动的主题、内容、形式难免老面孔、多重复，机械、呆板且脱离实际。创造性原则，就是要充分发挥班主任的主观能动作用，创造性地开展工作，积极探索，勇于开拓。即便要借鉴他人的做法，也要以，借他山之石，攻本班之玉为目的，，拿来为我所用，努力使课外活动新颖、有趣、富有吸引力。

四忌孤军作战，坚持整体性原则。搞好课外活动，单靠班主任一个人是不够的，要调动一切积极因素，求得学校、家庭、社会力量的密切配合，形成多方位、多层次、多渠道的活动网络，以发挥教育的整体效益。

第七章　班主任做好班级管理工作的几点经验

党的十六届三中全会提出了"坚持以人为本，树立全面、协调、可持续发展观，促进经济社会和人的全面发展的科学发展观"，要"按照统筹城乡发展、统筹区域发展、统筹经济社会发展、统筹人与自然和谐发展、统筹国内发展和对外开放的要求"，来推进改革和发展。这被认为是全面、完整地提出了新的科学发展观，是对社会主义现代化建设指导思想的新发展。以人为本是科学发展观的本质和核心。以人为本的提出，是认识论上的重要突破。马克思、恩格斯认为，社会的发展是以人为本位的，发展"全部人类历史的第一个前提无疑是有生命的个人的存在"。"任何一种解放都是把人的世界和人的关系还给人自己"。

第一节　作为班主任做好班级管理问题的提出

教育的对象是人，我们要尊重学生人格和自我个性，不能用单一的束缚性模式来教育学生。以人为本用在教育领域提醒我们要以学生为本。以学生为本的教育价值观具有公正性，它倡导师生平等，具有亲和力，要求班主任的教学活动惠及全体学生。它具有包容性，尊重学生之间的共性和个性差异。以人为本的发展观对班主任的工作提出了新的要求。班主任工作应该在怎样继承和发扬优良传统的基础上，在管理理念、管理内容、管理形式、管理方法、管理手段等方面进行创新和改进，这是我和许许多多的班主任一直在探索的问题。

本人有多年的班主任班级管理经验，对现在的高中生有一定的了解。现在的高中生思维活跃，求知欲强，对学习和生活，对社会和人生有较大的热情，但是同时处在尚不成熟的时期，社会阅历浅，实践经验少，心理承受水平低，自控能力差，辨别能力低，思想、情感、性格、兴趣和爱好尚不稳定，容易受外界影响而变化和迁移，因此，常常是积极和消极，正确和错误的因素同时并存，变化大，反复多，有些人受到社会上某些不良现象的诱惑，由于家庭、学校教育的不当，可能会厌倦生活和学习，情绪低落，对学习和生活失去信心。处于半成熟状态的他们急需适当的引导。对高中生的成长而言，班主任的引导与管理至关重要。班主任对学生的学习、生活和心理较为了解，如果能及时疏导，引导其向正确的方向前进，则很可能改变他们的一生。

笔者查阅了许多中外资料，尝试从"以学生为本"的视角剖析高中班主任如何做好班级管理工作。在教书育人和与时俱进、不断更新自己教育观念的过程中，对自己所肩负的"高中班主任"这一神圣使命也有了一些自己特有的心得体会和经验之谈。笔者利用自己手头上的资料和在硕士课程班所学到的知识，从班主任这一名词的历史沿革出发，简要地探索"班主任"的历史渊源和理论发展过程以及内涵，厘清"以学生为本"的历史沿革，然后根据本人从事班主任教育工作几年来积累的一些经验和体会，从班级常规工作、带差班的经验、后进生转化、优等生的培养、中等生的促进等几个方面来具体谈谈班主任在班级管理工作上应注意哪些问题，采取哪些方法，最后提出对班主任应该如何"以学生为本"，不断完善自我的几点思考。笔者的主要目的既包含对自己几年以来班主任工作的总结和体会，也是对"班主任"这一教育词汇的历史和发展进行简单的探讨，从而期望对自己今后的班主任工作提供有利的理论依据和实践经验。

第二节 "以学生为本"的历史沿革

"以学生为本"教育理念的产生不是偶然的，就其历史发展渊源来看，它是传统人本主义教育理念的继承。文艺复兴时期，崇尚人性、主张个性解放的思想成为人文主义教育家改革教育的思想动力。随着现代社会知识更新与科技成果转化周期的缩短，职业更替与社会流动加快，"以学生为本"、尊重学生的教育观则显得尤其重要。

一、"以学生为本"的历史渊源

1998年10月，联合国教科文组织明确提出"以学生为中心"的理念，指出基础教育应建立"以学生为中心"的新视角和新模式，国家和高等院校的决策者、管理者应把学生及其需要作为关心的重点，并将他们视为基础教育改革的主要参与者。

国际21世纪教育委员会在向联合国教科文组织提交的报告《教育——财富蕴藏其中》一文中，提出了"教育的各个组成部分均有助于人的发展"的观点，并强调"发展的目的是使人作为人而不是作为生产手段得到充分的发展"，凸显了"以学生为本"的人文主义思想。以往的高中班主任教育是以传授知识为主要内容的，到了20世纪下半叶，基础教育在人的培养上强调能力，进而提出了中学生的素质教育。从传授知识到培养能力，再到提高素质，这标志着教育思想的一次次飞跃，它影响着人才培养的规格和培养教育的全过程，也是坚持"以学生为本"理念的充分体现。

进入新世纪，新一届党中央向全党、全国提出了"落实科学发展观，全面建成小康社会"的战略任务。科学发展观的本质就是以人为本，促进人的全面发展、和谐发展。这是我国新的一届中央政府面向新世纪发展的需要，根据我国国情提出的新的兴国安邦理念。教育是民族振兴的基石，学生是学校教育的主体，应该成为学校的"主人"。包括教育制度设计、教育管理、教学改革等各个教育相关环节，都必须围绕提高学生素质、保障学生权益、尊重学生人格、培养学生能力展开，而所有的教育工作者，都应该是为受教育者服务的，而不应该是高高在上的管教者。从这个角度看，以学生为本是践行科学发展观，是将"以学生为本"思想运用到具体的教育实践之中。"以学生为本"代表了时代发展的方向，"以学生为本"彰显了教育观念和教育模式的进步。

中学，作为肩负培养高级人才重任、贯彻落实以人为本治国理念的场所，必然要做到以学生为本。它体现了党和国家以及学校、社会各界对中学学生的关爱和殷切期望。因此，"以学生为本"是中学响应党的号召，落实科学发展观的必然要求；是中学顺应时代发展潮流，更新办学理念，与时俱进的必然要求；是中学构建现代高中班主任制度，增强思想政治教育工作实效性的必然选择。

二、"以学生为本"的内涵

"以人为本"就是坚持人的自然属性、社会属性、精神属性的辩证统一，是体现人文关怀的一种哲学观，"是以人为核心，以人为基础，以促进人的全面发展为最终目的，满足人的生存、安全、健康等自然需要，满足人的民主权利、公平公正要求、价值实现、精神文化等社会需要，关心人、尊重人、爱护人、解放人、发展人，追求对人本身的关照、关怀以及人身心的全面协调发展"。把"以人为本"的理念具体落实到高中班主任管理工作中就是"以学生为本"。

所谓"以学生为本"就是以学生的需要和权益为根本。学校办学必须一切为了学生的权益，一切着眼于学生的发展，一切落实于学生的成才，实现学生教育培养的生本化、个性化和人性化。因此，这就要求教育者尤其是班主任在实际工作中，必须把学生的利益、学生的发展、学生的成才、学生的安全、学生的健康摆在日常工作的首要位置，才能真正将"以学生为本"的科学发展观运用到具体的教育实践之中，才能顺应时代的发展。

第三节 "以学生为本"，做好班级管理工作

从教几年来，笔者深有感触的是当好高中班主任不容易，特别是当差生班的班主任。上了高中，由于身心的迅速发展，这些步入青年初期的学生的

独立心理、批判心理、逆反心理增强，他们处在情感上不成熟的过渡期，总觉得自己已经是大人了。他们中有的人情绪不稳定，多变化，不易控制，可以说是软硬不吃。他们自觉不自觉地向老师闭上心扉。他们力求摆脱对成人的依赖，老师、家长在他们心目中的权威降低。他们不再以班主任为中心，不再绝对服从班主任的命令，教师也不可能再像初中那样对他们哄哄吓吓就可以了。这给班主任的思想教育工作带来一定的难度。这种情况下，对于如何以"以学生为本"为指导做好班级管理工作，本人有几点浅议：

一、"以学生为本"，做好班级常规工作

（一）尊重学生，做学生的良师益友

传统教育中，班主任是拥有绝对权威的。班主任多以"我"为中心去要求学生，容不得学生有半点儿违抗。而今天，学生要求班主任抛弃"警察形象"。教育者不能再以为当了班主任就有绝对的权威，就能高高凌驾于学生之上，也不能再成天板着一副面孔，贴着班主任"天生不会笑"的标签，而要放下架子，做学生的良师益友。作为班主任的你要去尊重学生、了解学生、感受学生、理解学生、宽容学生、鼓励学生、帮助学生，做学生的倾听者、忠告者和建议者。让学生感受到你的鼓励你的笑，你的尊重你的爱，从而敞开心扉，接受你，听从你的建议，而不再是"你不懂我的心"。所以班主任要管理好班级，就要注意培养和建立师生之间相互信任、相互尊重、相互友爱的人际关系。后进生的班主任更要坚持不歧视、不放弃，以更多的理解和尊重来感化学生。

（二）发扬民主，平等地对待学生

班主任是班级学生的教育者、引导者，班级活动的决策者、指导者，但班主任与学生的关系不是自上而下的关系，而是平等的师生互动的伙伴关系，二者相互联系，相互影响，相互制约。因此班主任要平等地对待每一个学生，让每个学生都接受平等的教育，得到平等的锻炼机会，享受平等的待遇，使其积极参加班集体建设。如在班级实行干部交流制、民主选举制、班长轮值制（每位学生轮流当一周班长）等。学生通过深入各活动场景中检查、督促、管理，使其体验到管理者与被管理者的双重心理，活动能力、组织能力、管理能力、交际能力也可以得到不同程度的提高。在评学生年度操行等级时，

笔者采用学生自批自评—小组互评—班干部讨论—班主任参评—反馈给学生并征求个人意见五个步骤，使评语不仅鲜活，而且发挥了其导向功能。学生对这样的评语不仅心服口服，而且理解了民主、开放、客观、公正的办事原则。

（三）为人师表，发挥榜样的作用

"其身正，不令则；行其身不正，虽令不行"，这句话强调了榜样的作用，一位班主任就是一个榜样。作为班主任要时刻注意自身的品格、学识、涵养对学生的潜移默化的影响。特别要注意一些小事、细节，不要自己觉得没什么、无所谓，其实学生的眼睛一直盯着呢。他们在心中评价你，在背后议论着你。我就曾听过某班学生对班主任有这样的议论："要我们到校别迟到，可他不是打铃了才匆匆进课室""要我们抓紧分秒学习，可他做事不也一样拖拖拉拉""要我们书写工整，可瞧他的板书"。所以，班主任要特别自尊、自爱、自信、自强，用自己的良好风范增强对学生的吸引力；要有儒雅的举止及浩然之气，让自己的神韵、风采使学生折服。这样才能让学生从情感上接纳你，为班主任工作打下良好的基础。班主任的榜样对学生是无声的教育和有力的鞭策。

（四）严格要求学生，规范班集体的目标和行为

即对学生的缺点和错误不能放松教育，不能因其事小，或因其年轻而原谅、姑息，要注意防微杜渐，对学生的要求一旦提出，要始终不渝地引导与督促学生做到，丝毫不能放松。要坚持"尊重学生与严格要求相结合"的原则，把尊重、热爱、关怀和信任学生与不断提出严格要求结合起来。为了取得较好的教育效果，对学生绝不能放纵，而是要提出正确的、简明的、有计划的和严格的要求。"正确"是指提出的要求应该科学合理，切合实际，令人信服；"简明"指易被学生理解、掌握；"有计划"是指要求一次提得不能过多，要由易到难、循序渐进。

学校有校训，班主任也可根据实际情况，在保持与校训一致的情况下，提出班训。另外，可让学生参与管理，参加校训和班级规章制度的制定、实施和监督。这些措施，会很好地发挥同学们的积极性，和主动参与性，使学生有明确的奋斗方向、共同奋斗的目标；使班级工作有核心，学生有健康的

心理，充满信心地面对生活，创造健康、积极、乐观、互助、向上的集体舆论氛围，使全班同学呈现出良好的精神风貌。

（五）从学生的实际出发，进行针对性引导

班主任工作要坚持"以学生为本"，对不同的学生应有不同的教育计划。每接到一个新班级，我们必须从多方面、用多种方法尽早了解不同学生的实际情况，克服一系列习惯性、片面的看法及心理定式。现在的高中生，大多数是独生子女，娇惯脆弱，受不得点滴委屈。另一方面他们又是孩子，正处在身心发展的急剧变化时期。高中生对班主任的教育不再是听而不问、信而不疑，全盘接受。他们深受家庭、社会的影响，他们的功利性、实用性目的非常明确。他们不想听你的大道理，"那在社会上不是这么回事"，他们希望有实实在在的好处。这时期的教育如能针对学生这一心理加以诱导，那么班主任的工作将会轻松得多。如班里一女同学替一位故意旷课的同学请假，批评她，她振振有词："我这是帮助同学，同学之间，特别是好朋友之间互相帮助，难道有错吗？"她认为同学有"难"而不帮是会被排斥的。这时跟她灌输正确的友谊观呀、诚信呀，她是听不进去的；只能告诉她"同学之间互相帮助是对的"，先肯定她的做法，再告诉她：1. 帮助同学是为了同学好，而不是纵容同学的坏毛病；2. 帮助同学的方法要行之有效，方法不当，等于没帮；3. 帮助同学的前提是自己不要犯"法"。"你现在的做法有没有帮到她？"该学生不出声了，她认同了我的说法。

（六）紧密配合，协调各方面的力量

班主任要在学生身上发生影响，必须协调学生与学生之间、班主任和学生之间、班主任与教师之间、班主任与家长之间等各方面的力量。班主任有一定的号召力，就必须和学生有共同的目的要求，有融洽的情感，真正理解和信任学生。班主任应慧眼识英才，善于发现培养先进，要给同学们同等的爱，因材施教，及时发现每个同学身上的闪光点。班主任工作也要发挥学生的主体作用，放心让他们干工作。组织学生开展丰富多彩的第二课堂活动，如开展文体、读书、演讲比赛活动，利用节假日组织学生进行有益的社会活动，发挥他们各自的特长，促进五育并举，全面发展。这样可充实班级同学的文化生活，促使学生心理健康发展，培养学生善良、坦诚、正直的美德。班主任应该既做学生的良师，又做学生的益友，建立平等的师生关系。向家长和学校领导反映学生情况，切忌"告状"，要敢于为学生承担"教育、关心不够"的责任，做到师生心理相容，做学生的教育者、引路人、保护者；善于根据学生的不同水平、不同情况，在校内协助任课老师，在校外协助学生家长及学生的"朋友"共同努力，点燃学生内心的希望之火要掌握机动性和分寸感；对积极分子和个别差等生要有计划、有目的、有步骤地进行培养教育，珍惜已建立的信任感，加强情感联系。

二、"以学生为本"，做好后进生的转化工作

做好后进生的转化工作是大面积提高教育、教学质量和实施素质教育的关键。要做好后进生的转化工作，只有采取恰当的方法，才能取得事半功倍的效果。要达到转化后进生这一目的，班主任首先要正确理解后进生的概念，必须认真分析班上每一个学生的情况，分析形成"后进"的原因，做到全面、细致地掌握各方面的情况，只有这样，才能更好地做好后进生的转化工作。

（一）后进生的概念

后进生这个概念具有相对性，这是因为后进生本身是相对的、动态的和不确定的。学生的先进与后进是比较而言的，因时间、地点、环境的不同，后进生的具体内涵也就不同。例如，一所普通高中与重点高中相比，由于学生的来源不同，素质不同，都存在着后进生，但是这两所学校的后进生，在数量上、水平上和层次上是有差异的。具体到每一个后进的学生来说，他每一天每一阶段都在发生变化，绝不能一概而论地称之为后进生。因此，后进生这个概念有相对意义。另外，有些教育者在使用后进生这一概念时只用分数的高低作为衡量的标准，有些教育者将后进生定义成思想品德和学习停滞的学生，这都是片面、静止地看待后进生。我们认为，后进生这一概念，应以我国教育的培养目标为尺度，因此，后进生是指那些在思想品德和学习等方面暂时未达到教育培养目标提出的阶段性基本要求的学生。用这个标准衡量，学校和班级里面，有的是相对后进的学生，而不是绝对后进的学生。由于受遗传、环境、教育、自身主观能动性等因素的影响，后进生在身心发展、

兴趣爱好、意志性格等方面存在着个别的差异。因而，在教育过程中，自然就会有优、良、中、差各类现象的学生群体。我把它比作手有五指，参差不齐，如按能力可划分为冷静型、暴躁型，按情感可划分为自卑型、自傲型，按性格可划分为品质型、成绩型、体质型、艺术型、劳技型，按情绪可划分为内向型、外向型。教育必须适应这一复杂多变的规律，因材施教，对症下药，后进生的个性才能得到充分的发挥，后进生才能得以转化。

（二）后进生形成的原因

唯物辩证法认为，世界上的一切事物都是不断发展变化的，都是对立的统一，都包含着相互联系的方面。因此，我们应当看到，多数后进生不是天生的，而是在后天的生活环境中形成的。其形成的原因也是复杂的、多方面的，其中既有学生本身的因素，也有社会和家庭的原因，还有教育工作失误的原因。从外因和内因两方面来看，主要有以下几个原因：

1. 外因

第一，社会的不良影响。社会上不正之风的存在、不健康文艺作品的毒害、电脑游戏的吸引、人与人之间不正常的交往关系等都极易对学生造成消极的影响。

第二，家庭教育的影响。一般来说后进生的家长都是教不得法，娇严失当。现在的中学生多数是独生子女，因此，有的家长对子女溺爱，娇生惯养，包庇纵容，放任不管；有的家长粗暴无知、施行打骂；有的家庭父母离婚，对孩子缺少关怀和正确引导，以致孩子缺少温暖，变得孤僻；有的家庭成员之间对孩子的要求不一致，使孩子无所适从；有的家长本身道德败坏，自私自利，甚至纵容子女贪图享受，极端自私。

第三，学校教育的过失。学校内，有的班主任不按教育规律办事，违背教育原则，不懂教育艺术，不懂以学生为本，缺乏正确的教育方法，甚至造成师生对立；有的班主任言行不一，工作敷衍塞责，对学生冷漠无情；有的班主任一味讨好学生，不敢对学生严格要求；有的班主任对学生亲疏有别，不能一视同仁；有的学校领导班子不团结，班主任要求不一致，导致班级纪律松散，秩序混乱等，这些都在某种程度上纵容了后进生。

2. 内因

中学生处在成长阶段，缺乏社会经验，道德观念薄弱，单纯幼稚，不善于辨别外界事物的真伪、是非、美丑和善恶，在外界的诱惑下，极易上当受骗，陷入泥潭。而且，中学生处在心理特别敏感的阶段，刚刚有独立意识萌芽，极易自以为是，对学校的教育和家长的劝导易产生逆反心理，甚至对立情绪，不愿接受班主任和家长的正面引导，而沉迷于错误甚至是低级趣味的东西，知错不改，以致胡作非为，走入歧途。

（三）后进生转化的途径

转变后进生的途径多种多样，这里介绍几种行之有效的途径：

第一，树立正确的观念。后进生的缺点和错误是明显的，而他们的优点和长处却是少而微、隐而藏，闪光点常常被尘土所掩盖，甚至被埋于垃圾堆之中。有的班主任就说："要在后进生身上寻找积极因素，就得有点儿绣花姑娘的功夫，老婆婆的心肠。"后进生不是"不可雕的朽木"，后进生经过自身努力也可以转化为优等生。要发现后进生的优点，不仅要肯下一番真功夫，而且要有敏锐的观察力和分析能力，尤其需要树立正确的观念和态度，即对他们要看"变"，要立足于"争"，着眼于"救"，着手于"拉"，才能把他们的闪光点发现出来；决不能把他们看"扁"，立足于"整"，着眼于"批"，着手于"推"，这样是决不会发现他们的优点和长处的，即使发现了也是不会予以重视的。

第二，给予厚爱。苏联著名教育家苏霍姆林斯基曾经说过"没有爱就没有教育"。我国著名教育家陶行知先生也说过"没有爱的教育将会使知识枯燥，像山泉枯竭一样"。可见，老师对学生实施关爱的教育方法，是教育取得成功的关键。尤其是对较为敏感的后进生，作为班主任，只有关心、热爱后进生，后进生才会"亲其师，而信其道"。班主任只要关心、热爱每一个学生，特别是班上的后进生，对他们保有真诚的爱护和热切的希望，关心他们的学习、生活、冷暖，才能使之产生感激之情，并由此转化为学习的动力。

第三，树立信心。对后进生，要多鼓励，树立其信心。后进生，最缺乏的是自信心，觉得自己这样不行，那样很笨，因而无论做什么事都很被动，生怕被人嘲笑，看不起。老师掌握了后进生这些心理特点，在教学管理过程中，有意激励这些学生大胆去学习、思考、劳动。无论他们做得多么不完整，哪怕只完成了任务的五分之一，老师也一定要不失时机地肯定其所完成的部分，鼓励他们继续努力来完成得更好，树立起信心。

第四，热情耐心。应允许差生有反复，事物的发展就是在曲折中前进的。作为班主任必须明白，由后进生变为先进生一般都要经历醒悟、转变、反复、巩固、稳定的过程，既不可能一蹴而就，也不可能一劳永逸，事物发展是前进性和曲折性的统一。差生的反复是在正确思想和错误思想的矛盾斗争中，消极因素一时又占了主导地位。做好后进生的转化工作不是一朝一夕的事，需要老师不断地做反复教育工作。要做好反复教育工作，必须要有"马拉松式"的耐心，耐心地与后进生交谈，耐心地帮助他们，使学生在这种转变过程中学到老师那种"持之以恒"的精神。

第五，适时表扬。表扬是人们的一种健康的心理需要，任何人都渴求得到别人的赞扬，后进生更是希望能够得到老师的表扬。法国教育家卢梭曾经说过，"赞扬学生微小的进步，要比嘲笑其显著的恶迹高明得多"。作为班主任，要时刻捕捉后进生的闪光点，及时肯定表扬，满足后进生自尊心和正常的心理需要，以创造转化契机。

笔者在教学管理中运用适当的表扬，起到了提高后进生学习兴趣、健全其品质、促进其全面发展的效果。有的后进生因表扬而心胸豁然开朗，更上一层楼。当然，表扬要注意方式，根据情况，有的进行个别单独表扬，有的进行全班集体表扬，以树立正确的舆论导向和良好的班风。

综上所述，转化后进生的工作需要用大胆的激励、恰当的表扬、热情的关爱和持之以恒的耐心。这样，就能使学生全面发展，达到"放下包袱，开动机器"的目的。

三、"以学生为本"，做好中等生的促进工作

中等生是指那些思想品德和学习等方面，基本上达到教育培养目标提出的该教育阶段基本要求的学生。这些学生在性格上往往内向、沉默寡言，不起眼，不惹祸，平平常常。他们一般不公开发表自己的观点，在是非面前不

表态，随大流。对于老师过分的批评，有时尽管内心不服，但也不公开反抗，给人一种老实顺从的印象。而实际上，中等生并不总是死水一潭，有时他们的思想极不稳定，呈现上下波动的趋势，不断向两头分化。这些人在班级中占大多数，却最容易被班主任忽视。人们常说"抓两头""带中间"，而实际上往往是"抓两头""丢中间"。对这部分学生，若听之任之，不根据其自身特点做好促进工作，就可能潜伏着扩大后进生队伍的危险。因此，班主任应根据其自身特点，做好中等生的工作。

（一）适当引导

班主任在中等生的教育工作中，把中等生的"从众"当作解脱自己与同学冲突的一种手段。对此要冷静分析，切忌操之过急，简单粗暴。要帮助他们分析是非曲直，培养其独立思考的能力。要利用健康的集体氛围，来抑制那些错误的从众行为，使"从众"这一心理现象的积极因素得以增强，使消极因素受到抑制，以引导学生沿着正确的方向前进。

（二）运用期待与暗示

众所周知，皮格马丽翁是古希腊神话中塞浦路斯岛上的年轻国王，这位国王对一尊少女雕像产生了深深的爱慕之情，并希望她能成为现实中的姑娘。后来由于他真挚的爱和热切的期望，这尊雕像真的活了。心理学家罗森塔尔从这则古希腊神话中得到启示，他通过实验证明，班主任的期待力量对学生有着强烈的激励力量，从而使学生达到了班主任所期望的目的，这就是著名的"罗森塔尔效应"。班级中的学生无时无刻不在接受老师的某种形式的期望和别人的暗示，而中等生表现得更为突出。中等生也希望老师能接受自己，而班主任如把精力和期望放在优等生和后进生身上，忽视了中等生，长此以往，中等生必然感到这种不重视，进而自暴自弃，最后很可能转化为后进生。为避免这种事情发生，班主任应"将计就计"，运用期望的手段，调控某些暗示因素，改变这一状态。班主任应该通过自己的行为尽可能多地观察和接近他们，并让他们意识到老师在注意和关心他们。

班主任的真诚关心和暗含的期待可对学生产生巨大的感召力，只有"亲其师"，才能"信其道"，在老师积极的暗示和热情耐心的引导下，中等生才能有较好的发展。

四、"以学生为本"，做好优等生的培养工作

优等生一般是指那些在思想品德和学习等方面都高于教育培养目标对该教育阶段所提出的基本要求的学生。尽管有些学生学习成绩突出，但是品德不良，或者尽管品德良好，但是成绩不佳，这样的学生都不能划入优等生之列。班级中的优等生，常常会受到家长捧、老师爱、邻居夸、同学敬，这种得天独厚的优越地位，使他们形成了独特的个性特征。优等生在班集体中有一定的威信，影响也较大，在与班主任的交往中也扮演着与众不同的角色。班主任在与之交往中，应该注意以下几个方面：

（一）坚持"响鼓要用重锤敲"

对优等生的培养要高标准、严要求，绝不能只看到优点，偏袒其缺点；更不能把学习成绩当作衡量优等生的唯一标准，进而在"一美遮百丑"的思想影响下，在他们入团、评先等方面降低或放松品德上的要求。要经常提醒他们以人之长比己之短，督促他们向更高的目标攀登。

（二）培养正常的竞争意识

现在的学生尤其是优等生，其自我意识和竞争意识较强，重视自我价值的实现，常常处在较强的竞争氛围之中。优等生一般一方面都有较强的超群愿望，较争强好胜，另一方面，可能由于竞争意识过强，对其他同学过于防范，冷漠无情，同时，对挫折无心理准备，一旦遇到困难，则较易想不开。因此，班主任要在班级中造成团结互助、你追我赶的学习氛围。在竞争中，有成功，也会有失败，在成功面前，要冷静下来，看到不足，要做好下一步挑战的心理准备。要引导他们在失败和落后的情况下，分析原因，找出努力的方向和改进的有效措施，在公平竞争的基础上逐步培养其积极向上的竞争意识。

第四节　"以学生为本"不断完善自我

高中学生的特点及班级管理建设对高中班主任各方面的素质和能力提出了很高的要求，高中班主任只有"以学生为本"，不断更新自己的观念，不断

完善自己，才能跟上时代的步伐，才能更好地管理好班级。

一、"以学生为本"，热爱学生

在今天，班主任不仅要具有传统师德，更需要有"以学生为本"、热爱学生的仁爱、博爱之心。班主任的爱心能使学生更健康地成长，是温暖学生心灵的盏盏烛光。每一个学生都需要班主任的关爱。班主任要用一颗挚爱和宽容之心去关爱每一个学生，不忽视每一个学生，不抛弃每一个学生，不放弃每一个学生。对那些成绩优秀、才华出众的学生，班主任要锤炼其意志，帮助他们锻铸更健康的心理，促其茁壮成长；对那些有生理缺陷或家境贫寒的学生，班主任要帮助他们摆脱自卑，增强其信心和勇气；对那些暂时后进或有心理障碍的学生，班主任要帮助他们分析后进或心理障碍产生的原因，尊重、理解并开导他们，使他们奋起直追或形成健康的心理。著名的教育家雅斯贝尔斯曾说过，"教育，是一棵树摇动另一棵树，是一朵云晃动另一朵云，是一个灵魂影响另一个灵魂"。因此，笔者认为，作为一名高中班主任，只有发自内心地爱学生，关怀学生，才能真正走入学生的心中，才能真正地影响学生，促进学生的进步与成长。

二、"以学生为本"，关注其心理活动

做好班主任，一定要抓好学生的心理工作，鼓励学生，培养他们的自信心，使他们对学习和生活充满热忱，始终以积极向上的态度和热情投入到学习和生活中去。联合国教科文组织提出过一个响亮的口号"健康的一半是心理"。高中班主任一定要清醒地认识到，中学生健全的人格教育是素质教育的重要环节，心理教育是人的素质结构的核心因素，优良的心理素质，是学生健康成长、成功学习的基础。

心理健康教育和学校的教育、班级的管理工作是相互依存、相互促进、相互制约的。心理健康教育是班级管理工作中的一部分。高中班主任要转变观念，改变过去只看重成绩而不注重心理的检测评价标准。应随时观察学生的心理动态，对有心理障碍的学生进行有针对性的个别谈话，因材施教，以慈母般的爱心感染学生。在教育工作中力争从大处着眼，从小处着手，不断

增强教育的艺术魅力。在教育和教学中，努力提高自己的心理科学水平和应用水平，切实落实"以学生为本"的思想，尊重学生的个性和需求，创造和谐的教学环境，建立良好的师生关系，致力于健康人格的培养，不断提高学生的能力素质、心理素质。俗话说"一把钥匙开一把锁"，高中班主任必须有敏锐的观察力和判断力，从学生存在和发生的各种现象中，准确地判断和掌握其中与心理相关的事例，并从与学生的交往和观察中，了解学生的心理状况。由于这种事例取材于学生中间，发生于学生身边，甚至其本人身上，学生往往会感同身受，具有较强的直观性。当班主任把这些事例和心理教育结合起来时，学生能很容易理解授课的内容，而且会将这些事例作为衡量自己行为和心理的标准。这对学生学习心理健康知识，纠正自身的心理偏差，有着十分重要的作用。

三、"以学生为本"，为人师表

无论是在日常的班级管理过程中，还是在平时的点滴小事上，班主任在要求学生的同时，更要"以学生为本"，为人师表，做人表率。实施素质教育，从根本上说，就是要使每一个学生在德、智、体、美、劳诸方面得到全面发展，成为具有崇高的人格、高尚的审美情趣、富有创新精神的劳动者。学生受教育的过程也是人格不断变化，逐步完善的过程。学生在这个过程中会受到多种因素的影响，而班主任人格的教育作用则是其中重要的因素。可以这样说，学生人格的形成在很大程度上取决于班主任人格力量所施加的影响。孔子曾说"其身正，不令而行，其身不正，虽令不从"，这句，话充分强调了教师的榜样示范作用。班主任要以崇高的人格，率先垂范，来博得学生的敬重，成为学生道德与行为上的楷模。这样，学生才能亲其师，信其道，学其文，做其人。由此可见，要切实重视自身人格对学生成长所具有的重要作用。"为人师表"四个字则明确告诉我们，班主任的人格必须是高尚的，容不得丝毫龌龊。班主任高尚的人格表现为健康的价值观、高尚的道德情操和渊博的知识。班主任的人格力量来自学术水平与道德情操的完善和统一。这就要求班主任不仅要学识渊博、循循善诱，更要通过言传身教，榜样示范，教给学生做真正的人、做正直的人、品德高尚的人的道理。

实际上，班主任的角色定位，除了是班级的教育者和管理者之外，还应当是学生道德行为的示范者。班主任的为人处世，是学生的一面镜子，对学生具有潜在的影响。如果班主任与人为善，对人真诚，待人宽容，为人正直，平等关爱每一个学生，学生也会以同样的方式和态度为人处世。这种表率，更多的是以自己的实际行动感召学生，因为再好的语言，不如实际行动，只有切实做到才更具有感召力。"学高为师，身正为范"，班主任对学生的行为规范负有教育训练的责任，需要在各方面以身作则，率先示范，加强自身的道德规范和行为准则的修养。班主任要求学生做到的，自己首先应该做到，这样才是合理的。同时，班主任的要求转化为学生的行动，可以利用榜样的力量，师生朝夕相处，班主任如果能为人师表，将是一种无形的教育。身教重于言教，学生学有榜样，做有规矩，班主任工作才算真正成功。

四、"以学生为本"，善于总结

要成为一名优秀的高中班主任，不仅要积极实践，而且要多读书，要善于总结别人和自己的实践经验，用先进的教育理论、成功的教育实践指导自己的工作。一名有事业心的班主任，他的时间总是紧迫的，每天都有做不完的事，但是事情再多，头绪再繁，也应挤出时间多读书，甚至要有"舍末求本"的决心，安排适当的时间读读书。青年班主任精力充沛，记忆力强，要趁年轻抓紧时间认真读书；中年班主任担子重，事情多，要根据需要抓紧时间选书读。时间在于挤，在于巧安排。思想上重视了，时间就能抓紧，就能巧安排。读书尝到了甜头儿，有了收获，养成了习惯，会使自己确立终身学习的信念，进而终身受益。作为高中班主任要多读教育专家、优秀班主任的书。实践证明，教育专家以其远见卓识走在时代的前列，优秀班主任以其丰富的实践总结出许多有价值的经验。选好书，从教育名著中汲取营养是十分有益的。过去，许多优秀班主任是"做而不述"，默默耕耘。现在，随着社会的发展，现代班主任应著书立说，将我们的感受和经验用文字记录下来，便于我们不断思考总结。总之，不断学习、认真读书、深入思考、善于总结经验教训，是每一个高中班主任应具有的素质之一。

五、"以学生为本"，主动研究

班主任对班级管理工作中的难点、疑点和重点，需要结合班级和学生的实际情况，适时地、自觉地、主动地进行研究，并用于指导实践。研究意识淡薄，这是当前班主任工作中最薄弱的环节，这一点应引起高中班主任的足够重视。班主任每天面对的教育对象是不同个性、发展变化着的活生生的人，对学生不了解、不研究，必然造成教育的盲目和无效。优秀班主任不能再满足于"辛苦型"，而应向"科研型"转变，增强自己的研究意识，提高科研能力，从而增强工作的针对性、科学性和实效性。努力树立"问题意识"，从班主任日常工作中发现问题并初步具备在一定理论指导下开展研究、寻找工作对策的能力。汲取先进的教育观念和教育理念，如："多一把尺子就多一批好学生""蹲下来和学生讲话""取消差等生称号""用发展的眼光看学生""学生也是权利的主体"等。这些观念正在得到高中班主任的广泛接受和认同。

六、"以学生为本"，不断创新

作为一名高中班主任，应具有时代气息和新发展观，能够吸收传递外来的先进经验和理念，在工作中不断创新。班主任在工作中决不能墨守成规，否则，我们培养的学生将是故步自封的一代。如学校组织的合唱比赛，如果每次活动内容都大致相同，会使学生感到枯燥、乏味，久而久之，会导致学生失去参与的热情。如果我们能合理把握各类活动与学生日常学习、生活的衔接点、切入点，给传统的班级活动赋予强烈的时代气息，便会激发学生的参与热情，使学生在传统活动中有所创新，有所收获。高中班主任必须树立持久观念，把培养学生的创新意识当成一项长期、艰巨的任务来抓。首先，要培养自己的创新意识，树立终身学习的理念，不断学习和吸收新的知识和文化，为创新意识的萌发奠定良好的基础。其次，发挥学生的主动性，使之主动参与每项班级活动，进而使班级活动充满生机，充满新意，使学生在参与中感受创新的喜悦，感觉创新的魅力。最后，要有计划、有目的地安排各项活动，使各项活动既有区别又有一定的内在联系，为学生的不断创新提供科学的思维方式。

笔者在当班主任的过程中积累了一些实践经验，也在此基础上做了一些理性的思考。长期以来，中国的高中片面追求升学率，以高考为"指挥棒"，重视分数而忽视学生成"人"的教育。不少班主任的班级管理观念滞后，管理方法也常常过于简单粗暴。在本章中，笔者试图通过理论联系实际，系统地阐述如何以"以学生为本"的原则指导班主任开展班级管理工作，希望广大班主任理解学生，信任学生，关注每一位学生。后进生的转化、优等生的培养和中等生的促进，这是本文的重点部分。

笔者认为，"以学生为本"，即教育首先应关注的是学生，要关注学生的情感，关注学生的价值，关注学生人性的完善。教育的核心是爱，"没有爱，就没有教育"，爱不仅是塑造思想的基石，更是学生成人的保证。因此，在工作中，我认为，选择了当班主任，就选择了爱，就选择了奉献。我认为，作为一名高中班主任，只有真正地爱学生，才能真正走入学生的心中，才能真正影响学生、促进学生的进步与成长。

师生朝夕相处，班主任如果能为人师表，将是一种无形的教育。身教重于言教，看似不教是真教。这样，学生学有榜样，做有规矩，班主任工作才算真正成功。班主任要坚决把一些具体的小事务派下，让学生自主管理完成。这并不是说让学生放任自流。

由于水平有限，本章的研究仅仅是浅尝辄止，研究粗浅，研究方法单一，仅结合自己的经验，只运用了文献法，没有结合运用调查法等。关于以"以学生为本"的原则指导班主任班级管理工作的研究是一个颇具挑战性的课题。这些问题将是本人以后继续努力研究的方向之一。

参考文献

[1] 璩金圭等编：《学制演变》，上海教育出版社，1991 年版．

[2] 陕西师范大学教育研究所：《陕甘宁边区教育资料》（中学教育部分上），教育科学出版社，1981 年版．

[3] 陈元晖等编：《老解放区教育资料（一）》，教育科学出版社，1981 年版．

[4] 顾明远主编：《教育大辞典》（第 1 卷），上海教育出版社，1990 年版．

[5] 顾明远总主编：《中国教育大系历代教育制度考（下）》，湖北教育出版社，1994 年版．

[6]（苏）恩·伊·包德列夫编，陈友松、李子卓、郜爽秋译：《班主任》，人民教育出版社，1956 年版．

[7] 王晓春：《做一个专业的班主任》，华东师范大学出版社，2008 年版．

[8] 吴志宏主编：《新编教育管理学》，华东师范大学出版社，2000 年版．

[9] 王炳照、阎国华主编：《中国教育思想通史》第七卷，湖南教育出版社，1996 年版．

[10] 周彬：《班主任的"主任本色"与"管理之道"》．

[11]《河南教育（基教版）》，2007 年第 7—8 期．

[12] 大卫·D. 迪布瓦：《胜任力：组织成功的核心源动力》，北京大学出版社，2005 年版．

[13] 教育部师范教育司编：《教师专业化的理论与实践》，人民教育出版社，2003 年版．

班主任工作实践中的班级管理研究

[14]（美）加雷思·琼斯（GarethR.Jones），[美]珍妮弗·乔治（JenniferM. George) 著，黄煜平译：《管理学》，人民邮电出版社，2004 年版 .

[15] 柯惠新、沈浩：《调查研究中的统计分析法》，北京广播学院出版社，2005 年版 .

[16] 彭剑锋、饶征：《基于能力的人力资源管理》，中国人民大学出版社，2003 年版 .

[17] 王重鸣：《心理学研究方法》，人民教育出版社，1990 年版 .

[18]（美）约翰·麦金太尔（D.JohnOMcintyre)、（美）玛丽·约翰·奥黑尔 (MaryJohno' Hair) 著，丁怡等译《教师角色》，中国轻工业出版社，2002 年版 .

[19]（英）约翰·瑞文著，钱兰英等译：《现代社会胜任工作的能力——能力的鉴别、发展和发挥》，厦门大学出版社，1995 年版 .

[20] 项家庆 . 谈管论道：现代班主任常规工作管理，天津：天津教育出版社 2018.

[21] 王金重 . 我这样做班主任：全国中中学班主任管理艺术优秀成果选，北京：中国言实出版社 2017.

[22] 叶国正等 . 班级管理与班主任工作，南昌：江西高校出版社 2016.

[23] 吴志樵，刘延庆 . 班主任班级管理的艺术，合肥：安徽人民出版社 .2016.

[24] 庞云凤，王燕红 . 中学班级管理策略，济南：山东人民出版社 .2017.

[25] 许丹红 . 中学班主任与家长沟通之道，北京：中国轻工业出版社 2017.

[26] 齐学红 . 班主任专业基本功，南京：南京师范大学出版社 2017.

[27] 陈福，马昱 . 如何成为一名优秀的中学班主任，长春：吉林文史出版社 2017.

[28] 韦新圣 . 心泉：修炼班主任九段，重庆：西南师范大学出版社 2017.

参考文献